KB095757

진짜 섹스 안내서

여자의, 여자에 의한, 여자를 위한
AV 배우가 알려주는 진짜 섹스 이야기

진짜 섹스 안내서

잇테츠(여성향 AV 배우) **지음**

김복희 옮김

Discover

STUDIO:ODR

일러두기

이 책의 외래어 표기는 외래어표기법에 따르는 것을 원칙으로 하였으나, 저자 이름의 경우
'잇테츠'로 통용되어 예외를 두었습니다.

지금까지 남자들은
'야동'으로 섹스를 배웠다

섹스, 어떻게 하는지 배운 적 있나요? 섹스는 남녀 관계에서 꽤 중요한 문제입니다. 성인이 되고 연애를 시작하면 본격적으로 섹스가 커플 공통의 화두로 떠오릅니다. 그런데 아무도 우리에게 섹스는 어떻게 하는 건지, 좋은 섹스의 기준은 무엇인지 가르쳐주지 않습니다. 가장 사적인 문제인 만큼 다른 사람들은 어떻게 하고 있는지도 알 길이 없습니다. 그런 까닭에 대부분의 남성들은 별다른 자각 없이 AV(Adult Video)를 섹스 지침서처럼 받아들이고는 합니다.

남성들에게 AV는 친숙한 콘텐츠입니다. 사춘기를 지나오면서 자연스레 사귀게 된 친구 같달까요. 가까이에서 쉽게 접할 수 있는 AV를 통해 오랫동안 섹스를 간접적으로 경험해온 것입니다. 한편 대부분의 여성들은 자신과 사귀는 남성을 통해 섹스를 배웠다고 말합니다. 즉 남성과 여성 모두 AV의 섹스 방식에 영향을 받고 있는 것이 현실입니다. 이 때문에 섹스를 둘러싸고 남녀 간에 오해가 생겨납니다. 우리의 섹스는 이대로 괜찮을까요? 더 좋은 섹스를 함께 즐길 수는 없을까요?

저는 AV 배우로 15년간 활동하며 이때까지 삼천여 편이 넘는 작품에 출연했습니다. 그러니까 삼천여 명 남짓한 여배우들과 함께 호흡을 맞춘 셈입니다. **AV의 섹스에는 '연출'이라는 요소가 존재합니다. 보는 이의 욕망을 충족시켜야 하는 AV의 특성상 판타지가 가미될 수밖에 없습니다.** 출연진과 제작진 모두 이러한 '비현실적 세계관'을 그럴싸하게 연출하고자 여러 방면으로 고심합니다. 하지만 이렇게 연출된 판타지를 일방적으로 모방한 섹스는 파트너에게 상처와 괴로움만 줄 뿐입니다.

온라인 살롱* 및 강연과 행사에서 만난 여성들은 저에게 괴

----

* 인터넷상의 유료 회원제 커뮤니티 서비스.

로운 심정을 토로하곤 했습니다. "왜 저는 섹스할 때 느끼지 못하는 걸까요?" "섹스가 아파서 고통스러워요." 아니나 다를까 AV에 나오는 여성들은 열이면 열, 보란 듯이 오르가슴에 오릅니다. 시오후키* 장면도 적나라하게 나옵니다. 섹스를 하면 여성은 반드시 오르가슴을 느껴야 한다느니, 그러지 못하면 남성의 테크닉 부족이든지 여성의 불감증이든지 이유는 둘 중 하나라느니, 오르가슴을 당연시하는 사람들이 속출할 만도 합니다. 그러나 삽입한 상태에서 질 오르가슴에 오르는 경우는 흔치 않습니다. 비율로 따지면 30퍼센트를 밑도는 수준에 불과합니다.

남성의 과격한 애무도 짚고 넘어갈 부분입니다. AV에서는 남자배우의 현란한 손놀림이 빚어내는 강렬한 자극에 여자배우가 반응하는 장면이 자주 등장합니다. 그러나 이 역시 카메라에 담아내기 위한 의도적 연출일 뿐입니다. 실제로 남자배우는 여자배우의 성기에 상처를 입히지 않도록 손톱을 깎고

----

* 시오후키(潮吹き): 여성의 G스팟이 자극을 받아 액체 분비물을 내뿜는 현상으로 AV 속에서는 인위적인 방식으로 숱하게 등장하나 실제 경험하는 여성은 극히 일부이다. 영어로는 스쿼팅, 우리말로는 여성사정이라고 한다.

압박을 삼가면서 세심히 주의를 기울여 촬영합니다.

여자들이 보는 야동은 따로 있다

오랫동안 명맥을 이어온 남성향 AV 시장과 달리 여성향 AV[*] 시장은 최근 10여 년 사이에 급성장했습니다. 여성향 AV 기획사 '실크 라보(SILK LABO)[**]'에서는 여성 제작진의 주도하에 영상을 제작합니다. 저는 '실크 라보' 설립 초창기부터 4년 반 동안 전속배우로 활동하다가 현재는 독자적으로 여성향 AV 레이블을 꾸려 운영하고 있습니다.

　남성향 AV와 여성향 AV는 섹스라는 같은 소재를 다루고 있지만 내용은 사뭇 다릅니다. 이를테면 여성향 AV에서는 소통 방식이나 스킨십으로 표현되는 유대감을 중시합니다. 콘돔을

----

[*]　남성을 타깃으로 제작되던 남성향 AV에서 탈피하여 여성의 감성과 니즈에 부합하여 만들어진 AV.

[**]　여성을 주 타깃으로 AV를 제작하는 기획사. 잘생긴 얼굴과 훈훈한 매력으로 여성 시청자에게 큰 인기를 끄는 잇테츠를 전속배우로 내세우며 시작했다. 제작진도 주로 여성으로 구성되어 있으며, 남성향 AV와 달리 탄탄한 스토리 전개와 배우들의 세밀한 감정선을 바탕으로 다정한 섹스 신을 그려내는 것이 특징이다.

끼는 장면도 필수로 들어가고 손가락도 하나만 삽입합니다. 안면사정 장면도 찍지 않습니다. 서로를 아끼는 마음이 전해지도록 알콩달콩한 느낌을 자아내는 것이 특징입니다.

제가 전속배우로 활동했던 '실크 라보'의 제작진은 대부분이 여성입니다. 기존의 남성향 AV에 대한 여성들의 불만을 말끔히 털어내고자 합세한 여성들이 논의를 거듭하여 작품을 제작합니다. 물론 여성향 AV에도 여성의 판타지가 가득 담겨 있습니다. 하지만 남성향 AV에 반해 여성의 로망이 무엇인지 현실적으로 와닿습니다. 여성 파트너와 함께 즐거운 섹스를 하고 싶은 남성이라면 여성향 AV를 참고하는 편이 낫다고 생각합니다.

섹스를 둘러싼 남녀 간의 오해

앞서 말했듯이 AV에는 연출이 존재하기 마련입니다. 그리고 여성향 AV와 남성향 AV는 결이 전혀 다릅니다. 이렇게 쐐기를 박으면 "남성들의 꿈을 짓밟지 말라"는 원성을 살 수도 있겠죠. 하지만 이제는 남성들도 알아야 합니다. AV를 통해 무의식적으로 배운 잘못된 섹스 방식으로 인해 많은 여성들이

고통받고 있습니다.

- AV를 모방한 격렬한 애무 때문에 아프고 고통스럽다.
- 느끼지 못하면 상대가 언짢아해서 느끼는 척한다.
- 이대로 평생 연기만 하며 살아야 하나?

수많은 여성들이 이런 고민을 안고 있습니다. 남성과의 섹스 때문에 심각한 트라우마가 생겨 섹스를 두려워하는 지경에 이르렀다는 여성도 보았습니다.

그런 고민들을 직간접적으로 듣게 되면서 섹스를 둘러싼 남녀 간의 오해를 조금이나마 풀고 싶다는 마음이 생겼습니다. 저뿐만 아니라 AV 업계에서 일하는 제작진과 배우들은 기회가 닿을 때마다 AV는 판타지에 불과하다는 사실을 알리고 성에 대한 올바른 지식을 갖도록 선도하는 캠페인을 벌이고 있습니다.

그러던 와중에 '허프포스트재팬'에서 취재 요청이 들어왔습니다. 〈'섹스 교과서'로 둔갑한 AV, 여성들은 괴로워〉라는 제목으로 게재된 기사는 높은 조회 수를 기록하며 남녀를 불문하고 큰 반향을 얻었습니다. 여성들에게서는 "파트너에게 알려주고 싶다"는 의지의 목소리가, 남성들에게서는 "그간 착각에 빠져 살았다"는 반성의 목소리가 주로 나왔습니다. 이후 허프포스트재팬 편집부로부터 '연출과 판타지를 걷어낸 진정한 섹스에 관한 책을 써보자'는 제안을 받았고, 그 당시에 얻은 반향을 마중물 삼아 책을 쓰게 되었습니다.

대부분의 남성들은 자신의 파트너를 만족시키고 싶어 합니다. 하지만 AV, 특히 남성향 AV를 교과서로 삼았다간 자칫 사랑하는 여성에게 상처 주기 십상입니다. 이는 남성에게도 불행한 일입니다. **남성이 올바른 지식을 갖추면 여성도 불안에 떨지 않고 섹스를 즐길 수 있습니다.** 섹스에 대한 여성의 만족감이 커지면 남성이 느끼는 기쁨도 커질 테지요.

이 책에서는 AV 촬영 현장에서 습득한 경험과 더불어 여배우와 여성 팬들에게 배운 내용을 전하고자 합니다. 1장에서는 제가 어쩌다가 AV 배우가 되었는지에 대해 이야기합니다. 2장에서는 AV의 판타지를 파헤칩니다. AV 현장에서 어떤 연출이 이루어지는지 속속들이 알려드립니다. 3장에서는 섹스 직전부터 사정 후까지 여성을 만족시키는 방법을 하나하나 알려드립니다. 4장에서는 AI 시대, VR 시대, 그리고 성희롱을 엄격히 다루는 흐름에 발맞춰 섹스의 바람직한 변화를 모색합니다. 그리고 마지막으로 AV 여배우 사쿠라 마나 씨와의 대담을 통해 섹스를 여성의 관점에서 살펴보는 기회를 갖고자 합니다.

이 책을 통해 파트너와의 섹스가 더욱 즐겁고 멋진 경험이 되기를 바랍니다.

차례

Chapter 2
AV는 섹스 교과서가 아니다

Chapter 3
이것이 진짜 섹스다

Chapter 4
앞으로 섹스는 어떻게 바뀔까?

Chapter 1

AV 촬영 현장에서는
당당하게 섹스를 밝힐 수 있다

AV의 판타지를 본격적으로 파헤치기에 앞서
제가 AV 업계에 발을 담그게 된 사연을 짤막하게 소개하고자 합니다.

유별나게 성욕이 왕성했던 나날

지금이야 AV 업계에서 에로맨*으로 통하지만, 지난날 저는 촌티 풀풀 풍기는 볼품없는 남자였습니다. 신인 시절 시청자들에게 '잇테츠'라는 멀쩡한 이름 대신 고구마처럼 촌스럽다고 고구마란 뜻의 '이모'를 붙여서 '이모테츠'라는 별명으로 불릴 정도였으니까요. 인기는 고사하고 여성과 변변히 말을 섞지도 못했습니다. 그런데 남들보다 유별나게 성욕이 왕성한 탓에 끙끙 속앓이하며 자위로 하루하루를 연명해야 했습니다. 제가 중·고교를 다닐 무렵은 '노스트라다무스 대예언'이 한창 유행하던 시기였습니다. 지금 생각하면 우습지만 저는 바보처럼

---

* 여성들에게 인기가 많은 AV 남자배우를 지칭하는 말.

1999년에 지구가 멸망한다는 예언을 곧이곧대로 믿고 '숫총
각으로 죽지 않겠노라' 별렀죠.

물론 그 시절에도 연애와 섹스에 대한 요령을 가르치는 책
들은 있었습니다. 하지만 여성에게 좋아하는 마음을 전하고,
호감을 사서, 섹스라는 고지에 도달할 수 있느냐는 문제 앞에
서는 그저 깜깜할 따름이었습니다. 다짜고짜 섹스로 직행했다
가 반감을 사면 어쩌나 싶었습니다. 여자 곁에서 내내 점잖을
떨다가 섹스하고 싶다는 마음을 불쑥 전할라치면 "어차피 섹
스가 목적이었지?" 하고 노여움을 사지는 않을까 불안하기도
했습니다. 결국 저는 오랫동안 숫총각으로 지내야 했습니다.

대학생 때 회계사를 꿈꿨으나 졸업 후 치른 시험에서 고배
를 마셨습니다. 막상 다른 곳에 취업하려니 갈 만한 데가 없었
습니다. 그때 제 나이 스물다섯. 가까스로 두 명의 여성과 섹
스를 한 경험이 있었습니다. 첫 번째 여성과의 섹스에서는 왕
성한 성욕을 주체하지 못하는 바람에 "거칠게 다뤄서 아프다"
며 퇴짜를 맞았고, 두 번째 여성에게는 "안에 넣으면 느낌이
별로야"라는 말을 들으며 이것저것 가르침을 받는 수준이었

습니다. '앞으로 무얼 해서 먹고살아야 하나' 하는 막막함에 '제대로 된 섹스도 한번 못 해보고 눈감아야 하나!' 하는 초조함까지 가세하여 저를 짓눌렀습니다.

그러던 어느 날, 자위할 눈요깃감을 찾다가 한 구인 광고에 시선이 꽂혔습니다. **'AV 남자배우 모집'**이라는 문구를 보자마자 느낌이 딱 오더군요. '뭐 어때! 내가 하고 싶은 일 하면서 사는 거지! AV 배우가 되면 틀림없이 섹스를 밥 먹듯이 할 수 있을 거야!'라며 호기롭게 지원한 것을 계기로 AV 업계에 입문하게 되었습니다.

멋모르고 문을 두드린 까닭에 나중에야 알게 됐지만 그때 모집했던 배역은 얼굴도 나오지 않는 단역이었습니다. 이른바 '즙배우*'라고 하는 남성 엑스트라였죠. 그럼에도 불구하고 AV 업계는 제게 파라다이스나 다름없었습니다. AV 현장에서는 당당하게 섹스를 밝혀도 되거든요! 반겨주는 이성 하나 없이 방 안에 틀어박혀 섹스에 대한 욕망을 가둬 키우던 예전과

----

* 즙배우(汁男優): 여배우와 접촉하지 않고 사정만 하는 남성 단역배우의 속칭.

는 상황이 180도 달라졌습니다. 섹스를 향한 욕망을 있는 그
대로 받아들이자 저의 삶에 큰 변화가 일어난 것입니다.

TIP

▶ 자신의 성욕을 있는 그대로 받아들인다.

스승 시미켄을 복붙하다

AV 배우가 된 이후로는 업계에서 명배우로 인정받는 시미켄 씨*
를 스승으로 삼고 하나부터 열까지 그대로 그를 따라 했습니
다. 예전에 저는 인기 많은 남성을 보면 '쳇' 하고 아니꼽게 여
겼습니다. 여자를 갈아치우는 소위 잘 노는 남자들은 시시껄
렁한 놈들이고, 한 여자에게 순정을 바치는 남자야말로 진짜
사나이라고 믿었습니다. 사실 진짜 그렇게 생각했다기보다는
인기 많은 남성이 부러워 배가 아팠던 거였죠.

----

* 본명은 시미즈 켄으로 철저한 자기관리와 훌륭한 연기력으로 일본 AV 업계를 대표하는 남
  자배우이다.

그러나 이제는 '이성에게 인기를 끌고 싶다면 실제로 그런 사람을 따라 해보라'고 충고합니다. 누군가가 당신의 질투심을 자극하나요? 그렇다면 그 사람은 분명 당신이 필요로 하는 무언가를 갖고 있다는 뜻입니다. 질투심을 인정하고 비결을 가르쳐달라고 터놓으면 상대방이 의외로 따뜻하게 충고를 건넬지도 모릅니다. 부러움의 대상이 된 사람의 품에 냅다 뛰어드는 편이 더 나을 수도 있다는 겁니다.

시미켄 씨는 저의 성욕을 긍정해주는 사람이었습니다. 성욕을 드러내도 누군가가 받아들여준다고 생각하니 저의 존재 자체를 인정받는 듯한 느낌이었습니다. 시미켄 씨처럼 이성의 인기를 한 몸에 받으면서 좋아하는 여성과 사귀겠다고 결심하고 최대한 시미켄 씨를 그대로 베끼려고 노력했습니다. 먼저 그 당시 살던 하치오지에서 시미켄 씨의 집 근처로 거처를 옮겼습니다. 틈나는 대로 시미켄 씨의 촬영 현장에 동행했고, 시미켄 씨가 나오는 AV들을 섭렵하고 연구했습니다. 그뿐만 아니라 같은 헬스장에 다니고 시미켄 씨를 따라 바이크도 구입하는 등 한동안 껌딱지처럼 그를 따라다니며 지냈습니다.

시미켄 씨는 저를 처음 보자마자 대뜸 "당장 헬스장 등록해서 몸만들기에 들어가라"라고 조언했습니다. 그 무렵 저는 키 174센티미터에 몸무게 58킬로그램에 지나지 않는, 성냥개비를 연상시키는 말라깽이 체형이었습니다. 어깨가 좁은 탓에 머리가 커 보이는 콤플렉스도 안고 있었습니다. 시미켄 씨는 "사람은 겉모습이 9할이야. 어깨 근육을 키우면 균형이 잡힐 거야"라며 저를 헬스장에 데리고 갔습니다. "지금은 쪼들릴지 몰라도 출연료 들어오면 부지런히 옷가지들 사두고 제모도 받아"라고 일러주었습니다.

겉모습뿐만 아니라 소통 방식도 시미켄 씨를 고스란히 베끼려고 노력했습니다. 시미켄 씨는 여성에게 말을 건네는 기술이 대단히 뛰어났습니다. 과거 AV 중에는 길거리 헌팅물이라는 것이 있었는데, 제가 특히나 쩔쩔매던 장르였습니다. 말을 건네기도 어렵고 겨우겨우 말을 걸어도 이상하게 쳐다보는 눈빛이 돌아와 좌절하기 일쑤였죠. 상대해주는 이가 아무도 없으면 정말 비참한 기분이 들거든요. 그러면서 자연스레 헌팅물 일감이 들어오지 않게 되었습니다.

하지만 시미켄 씨는 저와 정반대였습니다. 말을 걸어야겠다는 생각이 들면 기필코 3초 안에 승부를 본다는 '3초 법칙'을 정해놓았습니다. 3초를 넘기면 겁이 나서 부정적인 생각을 하게 된다는 이유에서였죠. 말을 건넸나가 거절당해도 상대 여성에게 군소리 따위는 하지 않습니다. 그저 고마웠다는 인사를 남기고 태연히 사라집니다. 그런 식으로 백여 명 가까이 말을 걸다 보면 차츰차츰 자존심 같은 건 어느샌가 마비되어 갑니다.

현재 여성과의 관계에 자신감이 부족하다면 주변에 본보기로 삼을 만한 사람에게 용기 내어 도움을 청하고 힘닿는 데까지 그를 따라 해보세요. 100퍼센트까지는 힘들더라도 최대한 그대로 베끼는 것이 좋습니다. 도저히 따라 할 수 없는 부분은 당신의 개성으로 대신하면 그만입니다. 이렇게 촌스럽기 그지없던 '이모테츠'도 여성에게 말을 건네는 데에 서서히 익숙해졌고, 배우로서도 조금씩 자신감이 붙게 되었습니다.

TIP

▸ 질투심을 자극하는 사람에게 조언을 얻는다.
▸ 선망의 대상을 고스란히 베낀다.

남자가 보는 야동, 여자가 보는 야동

남성향 AV의 꽃은 뭐니 뭐니 해도 여배우입니다. 여배우를 아름답게 담는 것이 지상과제이고 남배우는 가급적 튀지 않게 찍는 것이 일종의 공식입니다. 만약 제가 흥분에 못 이겨 신음 소리를 내기라도 하면 감독이 면박을 줍니다. 남배우의 존재감이 두드러지면 볼 맛이 뚝 떨어진다나요. 여배우에게 펠라티오*를 받는 장면에서 무의식적으로 손을 잡거나 머리를 쓰다듬은 적이 있는데, 이런 행동들에는 어김없이 남성 시청자들로부터 '짜증난다'는 혹평이 돌아왔습니다. '키스를 오래 한다' '여배우에게 얼굴을 너무 들이댄다'는 주의도 자주 받았습니다.

----

* 여성이 남성의 성기를 입으로 애무하는 구강성교.

그런데 언젠가 제가 출연한 AV를 본 한 여성이 "오래 키스하고 손을 잡는 장면이 다정해 보여서 좋았다"라고 말해줬습니다. **남성 시청자에게 '짜증나는' 행동이 여성 시청자에게 '다정한' 행동으로 느껴진다는 것이 신선한 충격으로 다가왔습니다.** 바로 그즈음에 남성향 AV 일색이던 AV 시장에 여성향 AV가 등장했습니다. 여성향 AV는 주로 여성 스태프들이 제작하는데, 남성향 AV의 촬영 현장과 정반대로 굴러갔습니다. 남성 시청자들이 짜증내고 남성 감독이 NG를 외치던 행동들을 도리어 제게 주문하는 것이었습니다. 저는 이 지점에서 본질적 차이를 실감했습니다.

2009년 잡지 〈앙앙(an·an)〉의 섹스 특집판 DVD 출연을 계기로 여성향 AV 출연 요청이 늘어났습니다. 덕분에 다양한 촬영 현장을 두루 경험하면서 남성이 바라는 섹스와 여성이 바라는 섹스가 어떻게 다른지 생각할 기회를 마련할 수 있었습니다. 이를테면 '실크 라보'에서 제작하는 여성향 AV에서는 이야기의 흐름이나 정신적인 교류를 중요하게 다룹니다. 마치 드라마의 한 장면처럼 연출하기도 하고 등장인물 간의 감정선을 나타내는 인물관계도를 넣기도 합니다.

인기 있는 여성향 AV들을 보면 시작한 지 15분이 지나도 옷을 벗지 않는 일이 흔합니다. 고단한 몸을 이끌고 퇴근한 여자에게 '오늘 하루도 수고 많았다'는 말을 건네고 저녁밥을 차려줍니다. 샤워를 하고 나오면 드라이어로 머리를 말려주기도 합니다. 이렇게 두 사람의 친밀한 관계를 충분히 보여주고 나서야 상대의 마음을 어루만지듯 애정을 담은 섹스 신이 등장합니다. '맞닥뜨리자마자 1분 내로 합체'하는 남성향 AV와는 영 딴판이죠. 남성향 AV에서 후다닥 넘기기 바빴던 도입부 장면이 여성에게 전희로 작용하는 것 아닐까요? 관계가 시작되고 나서도 입을 맞추거나 몸을 밀착시키는 등 사랑하는 연인간의 소통을 세심하게 보여줍니다. 오르가슴은 둘째 치고 '우리 둘이 함께 있어서 행복하다'는 정신적 충족감을 표현하는데에 중점을 둡니다.

> **TIP**
> ▶ 남성향 AV와 여성향 AV는 본질적으로 다르다.
> ▶ 여성향 AV에서는 정신적 충족감을 세심하게 그려낸다.

섹스와 성적 동의

물론 여성향 AV도 남성향 AV와 마찬가지로 판타지의 세계입니다. 남성이 여성의 머리를 말려주고 다정하게 쓰다듬는 행동 역시 여성의 로망이자 판타지입니다. 여성향 AV를 그대로 모방하는 것이 정답은 아니라고 생각합니다. 다만 과거에 비해 오늘날은 여성에게 섹스를 강요했는지, 합의하에 맺은 성관계인지를 엄격하게 따져 묻는 시대입니다. 원치 않는 성행위를 강요당했던 경험이나 성폭력 피해 사실을 고발하는 미투 열풍이 거세게 불고 있습니다.

성범죄는 결코 용납되지 못할 행위입니다. **성적 동의**는 낯설고 다루기 어려운 문제일지 모르지만 남성향 AV를 교과서로 삼았다간 돌아오지 못할 강을 건널 수도 있습니다. 시대가 시대이니만큼 뒤탈이 날까 두려워 연애나 섹스를 부정적으로 인식하고 섹스를 멀리하는 사람들이 있을지도 모릅니다. 하지만 상대를 받아들이고 배려하며 나누는 섹스는 더할 나위 없이 멋진 경험입니다. 지레 겁먹지 말고 서로를 배려하는 섹스에서 얻어지는 만족감을 직접 느껴보았으면 합니다.

> TIP

▸ **겁먹지 말고 상대를 배려하는 섹스를 추구한다.**

Chapter 2

AV는
섹스 교과서가 아니다

이제부터는 제가 AV 촬영 현장에서 습득한 경험과
남성향 AV에 들어가는 연출에 대해 알려드립니다.
AV의 판타지에서 벗어나는 것을 시작으로
섹스에 대해 진지하게 생각해보기로 하죠.

오르가슴은 매번 오지 않는다

제가 운영하는 온라인 살롱이나 오프라인 행사에서 여성들이 자주 이야기하는 고민 하나가 있습니다. '섹스할 때 아무리 애를 써도 오르가슴에 도달하기 어렵다'는 것입니다. '오르가슴을 느끼지 못하면 상대 남성이 풀이 죽거나 언짢아한다는 이유로 매번 느끼는 척을 한다는 여성들이 적지 않습니다. 이런 이야기를 들을 때마다 저는 못내 안타까운 심정입니다. 왜냐하면 **'여성은 섹스를 할 때마다 오르가슴을 느낄 수 있다'는 생각이야말로 영락없는 AV의 판타지**이기 때문입니다.

시오후키라는 발명품

특히나 시오후키는 남성향 AV에서 거의 빠지지 않는 단골 소재입니다. 하지만 시오후키 장면 뒤에는 여배우들의 눈물겨운 노력이 숨어 있습니다. '이상하다? 시오후키는 생리 현상이니까 연기가 아니고 오르가슴을 느낀다는 증거 아냐?'라고 생각하는 사람도 있을 테죠. 그러나 실은 **시오후키야말로 AV 업계가 야심 차게 내놓은 '발명품'**입니다.

AV의 역사를 살펴보면 20년도 더 지난 예전 AV에는 시오후키가 등장하지 않습니다. 그렇다면 시오후키는 어떻게 탄생했을까요? 1990년대에는 지금보다 표현을 엄격히 규제하던 시절이라 모자이크를 짙고 광범위하게 처리했습니다. 하다못해 펠라티오 장면에서도 여배우의 얼굴을 진한 모자이크로 가려서 무얼 하고 있는지조차 도통 알 수 없을 정도였습니다. 그토록 강력한 규제 속에서 AV 업계는 여배우가 '느끼는 모습'과 '오르가슴에 오르는 모습'을 최대한 적극적으로 보여줄 방법을 모색하게 되었습니다.

하지만 여배우의 흥분 상태를 가시화하기란 그리 녹록지 않았습니다. 남성의 경우, 사정 장면 하나로 흥분 상태를 단번에 부각할 수 있습니다. 이와 달리 여성의 경우에는 흥분 상태에 도달했다는 것을 영상으로 담아내기가 상당히 까다롭습니다. 물론 베테랑 여배우들은 감독에게 연기 지도를 받아가며 갈고 닦은 내공을 바탕으로 표정과 목소리만으로도 성적 흥분과 절정감을 표현할 수 있습니다. 그러나 여배우들의 상당수는 연기 훈련을 받아 본 적이 없는 일반인입니다. 이러한 한계 속에서 어떤 방식으로 찍어야 여성이 '진짜로 오르가슴을 느끼는' 것처럼 표현할 수 있을지, 남성의 사정처럼 확실하게 표가 나는 방법은 없을지 같은 고민들이 쌓여가던 가운데 시오후키가 '발명'된 것입니다.

시오후키와 생수 6리터

시오후키는 촬영 현장에서 우연히 탄생했다고 전해집니다. 1990년대에 업계에서 이름을 날리던 한 남배우가 있었습니다. 그가 여배우에게 한참 핑거링*을 하던 와중에 여배우가

----

* 손가락을 이용하여 질을 애무하는 행위.

"안 되겠어, 나올 것 같아"라는 말과 함께 불시에 내지르는 일이 일어났습니다. 돌발 사고에 불과했던 이 장면은 모자이크 너머로 뛰어난 시각적 임팩트를 전달했습니다. 업계 사람들은 이를 두고 엄청난 발견이라고 입을 모았습니다. 어떻게든지 그 임팩트 넘치는 순간을 재현하겠다는 일념 하나로 모두가 머리를 맞대고 온갖 수단을 동원해 연구하여 퍼뜨린 것이 지금의 시오후키입니다.

그 뒤로 시오후키의 양과 출력을 끌어올려 화려하게 내뿜게 하는 방법을 개발한 남배우 K 씨에 의해 분수 형태의 시오후키가 널리 퍼졌습니다. 시오후키는 남성의 사정처럼 시각적으로 분명하게 드러나기 때문에 여성의 흥분 상태를 표현하는 데에 안성맞춤이었습니다. 남성의 사정과도 유사한 까닭에 남성들로부터 쉽게 공감을 살 수 있었죠. 단숨에 AV 세계의 시민권을 따낸 시오후키는 남성향 AV의 정석으로 굳어졌습니다.

시오후키는 이제 AV의 중요 소재로 자리잡았습니다. 요즘 활동하는 AV 여배우들은 무리해서라도 시오후키를 마스터해야만 합니다. 시오후키의 여왕으로 불렸던 한 여배우는 시오후키를 위해 촬영을 앞두고 생수를 6리터나 마셨다고 합니다. 그러나 20년 전만 하더라도 시오후키가 가능한 여배우를 찾아보기는 매우 어려웠습니다. 바꿔 말하면 여간해서는 시오후키가 되지 않는다는 뜻이죠. AV 여배우 사쿠라 마나 씨 역시 '이 업계에 발을 들이지 않았다면 시오후키는 평생 경험해보지 못했을 것'이라고 말했습니다.

여성이 시오후키를 하지 않는다는 이유로 불감증과 직결하거나 자신과의 섹스가 즐겁지 않았다고 섣불리 판단해버리는 것은 대단한 착각입니다. 시오후키를 한 여성이 오르가슴을 느꼈다고 단정 짓기도 어렵습니다. 여배우들의 이야기에 따르면 시오후키는 소변을 참다못해 한 방에 시원하게 지르는 듯한 느낌에 가깝다고 합니다. 오르가슴에 도달했느냐와는 다른 문제라고 선을 긋는 사람도 있습니다. 남성은 본인이 사정할 때 느끼는 쾌감을 상대 여성도 느껴주기를 바라며 매달리는 것일 테지만 시오후키가 사정과 일대일로 대응한다고 보기는 결코 어렵습니다.

시오후키의 정체에 관해서는 의견이 분분합니다. 그러나 저는 단언컨대 시오후키의 95퍼센트는 소변이라고 봅니다. 왜냐하면 시오후키를 하고 나면 직전에 무엇을 마셨는지 알 수 있기 때문이죠. 레드불을 마셨는지, 커피를 마셨는지도요. 비타민을 다량 섭취할 경우 색깔이 진해집니다. 시오후키가 소변의 일종이라면 얽매일 필요는 전혀 없지 않을까요.

> TIP

▸ **여성은 섹스를 할 때마다 오르가슴을 느끼지 않는다.**
▸ **시오후키는 AV를 위해 개발된 일종의 연출이다.**

손가락 개수는 몇 개가 좋을까?

분별없이 AV를 따라 하다가 여성들의 불평불만을 사기 쉬운 행위가 바로 격렬한 핑거링입니다. 남성향 AV에 나오는 격렬한 핑거링을 상대 남성이 흉내 내는 바람에 성기에 상처를 입었다는 여성들의 이야기를 곧잘 듣습니다. 물론 남성은 파트너의 기분을 좋게 해주려는 의도였겠지만, 핑거링으로 인한 상처나 출혈이 여성에게 트라우마가 되기도 합니다.

시오후키와 마찬가지로 **격렬한 핑거링 역시 남성의 손놀림을 현란하게 부각시키기 위한 연출일 뿐입니다.** 남성은 손쉬운 필살기가 알고 싶겠죠. 이대로 하면 틀림없이 파트너를 흥분시킬 수 있을 것 같은 쌈박한 기술을 손에 넣고 싶어 합니다. 그런 수요에 발맞춰 나온 것이 남배우들이 '발명한' 격렬한 핑거링입니다. 하지만 핑거링도 판타지에 지나지 않습니다. 화려한 핑거링 기술로 유명한 동료 남배우는 캠페인을 통해 '여성의 몸을 소중히 다루고 파트너에게 안정감을 주는 것이 가장 중요하다'는 목소리를 꾸준히 내고 있습니다. 그럼에도 AV 속 임팩트 있는 격렬한 핑거링이 남성들의 뇌리에 쉽게 박히는 게 현실이기도 합니다.

핑거링은 힘이 아니라 기술

실제로 핑거링에는 힘이 들어가지 않습니다. 저를 비롯한 남배우들은 손가락 끝을 움직이지 않습니다. **지렛대 원리처럼 팔꿈치를 지렛목 삼아 손가락을 부드럽게 놀립니다.** 손목을 지렛목 삼으면 팔심만 잔뜩 들어가 금세 나가떨어지고 맙니다. 팔꿈치를 지렛목으로 삼으면 지치지도 않을뿐더러 여성에게 불필요한 힘도 미치지 않아 통증을 유발할 일이 없습니다.

AV 업계에서는 손가락 두 개가 정석이지만 하나만으로도 충분합니다. 한 손가락에서 두 손가락, 세 손가락, 개수를 늘

릴수록 '이렇게나 많이 들어가네' 하며 흡사 대단한 기교를 부리는 듯싶겠지만 한 손가락만으로도 충분히 여성에게 자극을 전할 수 있습니다. 참고로 통증 때문에 손가락 하나 이상은 넣지 말라고 당부하는 여배우들도 있습니다. 그럴 때는 절대 두 손가락을 넣지 않습니다. 넣다 빼는 속도가 빠르지 않아도 괜찮습니다. 안을 휘젓는 행동은 절대 금물입니다. AV에 비해 밋밋한 감이 있을지 모르지만 찬찬히 문지르며 상대 여성의 반응을 살펴보는 것이 핑거링의 기본입니다.

깜빡하기 쉬운 부분인데 손톱을 깎는 것은 기본적인 매너입니다. 여성의 성기는 아주 민감해서 약간 긴 손톱으로도 상처가 날 수 있고, 상처가 덧나 질환으로 이어지기도 합니다. 방금 깎은 손톱도 피해야 합니다. 손톱을 깎은 후에는 반드시 네일 파일로 매끈하게 다듬도록 합시다.

오르가슴에 집착하지 마라

원래 질 오르가슴을 느끼는 여성은 20~30퍼센트에 불과하다고 합니다. 실제로 질 오르가슴은 가뭄에 콩 나듯 있을까 말까

한 일입니다. 따라서 질 오르가슴까지 가야 한다느니, 그것도 모자라 시오후키까지 성공시켜야 한다느니 하면서 목맬 필요 없습니다. '어떻게든 흥분시켜야 한다'며 필사적으로 덤벼드는 태도는 오히려 여성에게 부담감을 줍니다. 한도 끝도 없는 핑거링에서 헤어나기 위해 오히려 느끼는 척 연기할지도 모를 일이죠. 너무 잘하려고 애쓰는 게 더 문제를 일으킬 수 있습니다. 그보다 '당신과의 섹스가 행복하다'는 만족감을 전달하는 쪽에 중점을 두도록 하세요.

TIP

▶ 핑거링 전 손톱 다듬기는 필수!
▶ 팔꿈치를 지렛목 삼아 손가락을 부드럽게 찬찬히 놀린다.
▶ 손가락 끝은 움직이지 않는다.

펠라티오 장면은 어떻게 촬영할까?

남성향 AV에는 십중팔구 펠라티오 장면이 들어갑니다. 현장에서는 콘돔을 끼지 않은 채로 펠라티오를 합니다. 그러나 감염이 우려된다면 펠라티오를 할 때도 콘돔을 끼는 것이 좋습니다. AV 출연자들은 남녀 상관없이 한 달에 한 번씩 의무적으로 성병 검사를 받아야 합니다. 그때 목 안쪽도 함께 검사합니다. 임질이나 클라미디아 감염증을 확인하기 위함입니다. 남성이든 여성이든 키스나 펠라티오로 상대방에게 목과 관련한 질환을 옮길 가능성이 있기에 정기적으로 검사를 받습니다.

과거 AV에는 여배우가 정액을 삼키는 장면도 들어갔으나 요즘에는 찾아보기 힘듭니다. 예전에는 다량의 정액을 흡입하는

AV물이 있었습니다. 백 명이 차례로 연사하는 정액을 삼키는 내용이었죠. 하지만 정액을 삼키고 나서 배앓이를 하는 여배우가 속출하고 성병 검사가 필수로 자리 잡으면서 이런 영상물은 차차 줄어들기 시작했습니다. 백여 명을 검사하는 비용만 해도 무려 100만 엔 넘게 들어갑니다. 배보다 배꼽이 큰 격이라서 제작비조차 건지기 어렵다는 현실적인 문제도 있었죠.

혹시 여자친구가 내 정액을 삼켜주었으면 하는 환상을 품고 있나요? 저도 예전에는 그랬습니다만, 상대 여배우들의 역겨워하는 표정을 몇 번이고 보고 나니 그런 마음은 깨끗이 사그라들었습니다. 저도 촬영 현장에서 정액을 삼킨 적이 딱 한 번 있습니다. 정말 비위가 상하더군요. 뭐랄까, 시큼한 맛이 나고 입안에 역한 기운이 퍼졌습니다. 게다가 목 넘김이 굉장히 불쾌합니다. 목 주변에 엉긴 가래처럼 매끄럽게 넘어가지 않습니다. 여배우들은 뱉을 수도 없고 달게 삼킬 수도 없는 노릇이니 얼마나 힘겨울까요. 여담이지만 무엇을 먹느냐에 따라 정액 맛도 달라집니다. 단백질 보충제를 섭취하는 사람의 정액은 들큼하고, 흡연이나 음주를 하는 사람의 정액은 찝찌름한 맛이 난다고 합니다. 같은 사람이라도 몸 상태에 따라 맛이 달라지기도 합니다.

AV에서 여배우가 반쯤 넋이 나간 얼굴로 '핥게 해달라'고 하는 장면을 보고 여성이 펠라티오를 먼저 원하거나 즐긴다고 생각하는 사람들이 있을지도 모르겠습니다. 하지만 결코 그렇지 않습니다. 펠라티오를 좋아하는 여성이 아예 없다고는 딱 잘라 말할 수 없지만, 펠라티오라면 사족을 못 쓴다는 여배우는 이제껏 만나본 적이 없습니다. 굳이 말하자면, '좋아하는 상대니까 해준다'는 것에 가깝습니다. 상대에게 펠라티오를 받고 싶을 때는 솔직하게 부탁할 수도 있습니다. 다만 무척이나 꺼리는 사람도 있다는 사실을 알아두세요. 그리고 본인은 부탁해놓고 상대방에게 해주는 건 싫다고 내빼지 맙시다. 요즘에는 기분 좋은 향이 첨가되고 먹어도 아무 이상 없는 로션이 시중에 많이 나와 있습니다. 로션을 바르고 서로 핥는 경험을 나누는 것도 관계를 친밀하게 만드는 하나의 방법입니다.

TIP

▸ 펠라티오를 통해 성병에 감염될 위험이 있으므로 되도록 콘돔을 착용한다.
▸ 펠라티오를 꺼리는 사람도 있으므로 강요하지 않는다.

AV용 체위는 따로 있다

AV에서 체위를 자주 바꾸는 것 또한 시청자들을 거냥한 연출입니다. 과거 비디오테이프 시대의 AV는 대개 60분짜리였습니다. 한 시간 동안 한 여배우가 두세 번씩 섹스를 하는 구성이 주를 이루었습니다. 그런데 DVD 시대로 넘어오면서 여배우 한 사람이 섹스 세 번으로 180분, 240분을 채워야 하는 상황에 부닥쳤습니다. 자연스럽게 섹스 1회당 분량이 늘어날 수밖에 없었습니다. 240분이면 장장 네 시간입니다. 그만큼 여배우들의 고충도 만만치 않습니다. 네 시간에 걸쳐 세 명의 남배우와 섹스 신을 찍고 그중에 한 번 펠라티오를 하는 것이 기본 코스입니다. 긴 시간 동안 세 번의 섹스 신을 찍으려면 필시 화면 전환이 이루어지겠죠. 그 사이에 남배우를 교체하고 체위를 바꾸면서 분량을 늘리는 쪽으로 발전한 겁니다.

베스트 체위 추천

수많은 체위가 있지만 현장에서는 남배우의 얼굴은 거의 비치지 않으면서 여배우의 얼굴이 아름답게 나오는 체위 위주로 촬영합니다. 몸을 밀착시킨 정상위는 측면에서 찍을 때는 문제가 없습니다. 하지만 위쪽에서 카메라를 들이댈 경우, 남배우의 등허리와 엉덩이만 대문짝만하게 나오기 때문에 그다지 선호하지 않습니다.

　오히려 AV에서는 정상위보다 한쪽 다리를 들어 올린 채 서 있는 여성의 뒤에서 삽입하는 후배위나 여성이 남성을 등지고 돌아선 채 누워 있는 남성의 위에 앉는 배면 기승위가 자주 나옵니다. 여배우의 몸을 비추기 수월한 체위이기 때문이죠. 하지만 이런 체위들은 원체 무리수에 가깝습니다. 겨우겨우 밀어 넣기가 무섭게 빠져버리고, 희한한 각도로 삽입하는 탓에 여성이 심한 이물감을 느낍니다. **신체 구조상 안정감을 느끼기 힘든 체위를 무작정 흉내 낼 이유도 없고 속궁합이 안 맞는**

다고 걱정할 필요도 없습니다. AV에 나오는 현란한 체위들은 여배우의 모습을 잘 담기 위해 의도적으로 연출한 것이기 때문입니다.

동료 남배우에게 사적인 잠자리에 대해 물어보았더니 정상위가 대부분이고 가끔가다 한 번씩 체위를 바꾸는 정도라 더군요. 현란한 섹스를 업으로 삼은 탓에 되레 평범한 섹스를 추구하는 것이 아닙니다. AV 배우로서 수많은 체위를 경험해 봤지만 일반적인 체위가 가장 편안하고 좋다는 거겠죠. 그리고 실제 잠자리에서는 신체에 무리가 가거나 시각적으로 드라마틱한 체위는 효율이 떨어집니다. 배면 기승위 같은 경우 남성 쪽에서는 여성의 뒤통수와 등허리밖에 보이지 않습니다. 그보다는 파트너와 마주 보고 교감을 나눌 수 있으면서도 서로에게 안정감 있는 쾌감을 선사하는 정상위 자세를 추천합니다.

적당한 섹스 시간은?

AV 촬영은 대개 60분 안에 승부를 봅니다. AV 현장은 특수한 여건 속에서 돌아가기 때문에 한 시간이 눈 깜짝할 사이에 지나갑니다. 체위도 수차례 바꿔야지, 여배우가 시오후키 할 시간도 벌어야지, 해야 할 일이 산더미입니다. 하지만 **실제 섹스에서 지속 시간은 그 섹스가 얼마나 좋았는지를 판단하는 절대적인 기준이 아닙니다.** 물론 개인차는 있겠으나 삽입 시간이 길다고 무조건 좋은 건 아니니까요.

조루가 아닐까 머리를 싸매는 남성도 있고, 어떻게 해야 오래 할 수 있느냐는 질문도 많이 받습니다. 하지만 삽입 시간 또한 파트너와 함께 상의하며 맞춰나가야 할 부분입니다. 여성 파트너의 몸 상태는 그날그날 다르니까요. 컨디션이 좋지 않을 때 삽입 시간이 길어지면 여성에게 부담이 됩니다. 반면 더 오랫동안 충분히 즐기고 싶은 날도 있을 겁니다. 섹스를 하는 도중에도 상대방의 몸이 어떻게 반응하는지 관찰하세요. 짧은 대화로 사정 타이밍을 논의할 수도 있습니다. 예기치 않게 빨리 끝났다면 그만큼 이번 섹스가 좋았다고 말해주세요. 섹스의 지속 시간에 대한 강박은 내려놓아도 괜찮습니다. 그보다는 손을 맞잡고 포옹하는 시간을 늘리는 편이 여성의 긴장을 풀고 안정감을 더해 깊은 쾌감으로 무르익도록 도와줄 겁니다.

프로에게도 발기부전은 찾아온다

발기부전에 대한 고민도 자주 상담하는데, 저희 같은 프로들도 곧잘 겪는 불상사입니다. 제가 그쪽 방면으로 꽤 유명하거든요. AV 업계에서는 일명 '잇테츠 지옥'이라고 부릅니다. 정말 꿈쩍도 안 하는 요지부동의 시간이죠. 주변 사람들도 지옥 같겠지만 본인 심정은 오죽하겠습니까. 달리 뾰족한 수는 나지 않고 현장에는 미묘한 기류만이 감돌 뿐입니다. 스태프와 여배우가 자꾸 말을 붙이는 통에 압박감이 밀려오고, 자꾸 다그치는 통에 결국 서지 않고……. "잇테츠 씨, 대기 탑니다!" 하며 모두가 목을 빼고 기다리는 가운데 홀로 정신을 집중하여 칼을 가는 기분, 정말이지 지옥 같습니다. 반면에 분위기가 조용할수록 집중이 잘 된다는 동료 배우도 있습니다.

제 경험상 발기가 되느냐 마느냐는 대체로 심리 상태에 달려 있습니다. 스리섬* 촬영 현장에서 거물급 상대 배우의 기세에 눌리거나, 혹은 여배우에게 주눅이 들거나, 혹은 스태프들이 많아 예민해질 때 보통 발기부전이 찾아옵니다. **남자란 생각보다 참 섬세한 생명체입니다.** 너무 빨리 끝나건 도중에 발기가 죽건 상황을 있는 그대로 받아들이고 차분한 마음으로 추후 2차전을 노려보는 것도 하나의 방법입니다. 그 대신 상대와 알콩달콩 교감을 나누는 데 시간을 할애한다면 '내가 매력이 없어 서지 않는구나' 하고 파트너가 속상해하는 일은 없을 겁니다. 상대의 탓이 아님을 완곡하게 전해주세요.

TIP

▶ AV처럼 수차례 체위를 바꿔가면서 삽입 시간을 늘릴 필요는 없다.
▶ 손을 맞잡고 포옹하는 시간을 늘려 안정감을 더한다.

----

* 스리섬(threesome): 세 명이 함께 하는 성행위.

AV 배우는 정말 콘돔을 끼지 않을까?

남성향 AV에는 기본적으로 콘돔을 끼는 장면이 들어가지 않습니다. 그렇지만 현장에서는 카메라 앵글 밖에서 콘돔을 착용합니다.

작년에 잘 나갔던 남성향 AV 타이틀을 꼽으라면 '질내사정'을 들 수 있습니다. 질내사정은 AV의 판타지 중에서도 남다른 인기를 과시하는 소재입니다. 하지만 질내사정이라는 제목을 내세우면서 실제로 질내사정을 하지 않는 작품도 있습니다. 치한물에 등장하는 치한이 진짜 치한이 아닌 것처럼요. 또한 질내사정 촬영이 있을 때는 촬영일을 정확히 2주 앞두고 성병검사를 받습니다. 여배우는 경구피임약을 복용하고 컨디션을 철저히 관리하여 촬영에 임합니다. 질내사정은 위험이 따르는 만큼 동의서 및 계약서를 포함해 엄격한 승인 과정을 거쳐야 촬영을 진행할 수 있습니다.

재차 말하지만 AV를 촬영할 때도 콘돔을 착용합니다. 하지만 일반 시청자들이 이 사실을 알 리가 없죠. 그러니 '남성 파트너가 콘돔을 끼지 않는다'고 하소연하는 여성들이 생겨나는 것일 테고요. AV 배우 입장에서 봐도 심각한 문제입니다. **AV에 콘돔을 끼는 장면이 안 나오는 까닭에 일반인들이 콘돔 착용법을 모른다든가, 콘돔을 끼면 성감이 좋지 않다는 이야기가 퍼지는 것은 대단히 우려스러운 일입니다.** 원치 않는 임신을 하거나 성병에 노출될 위험도 커지고요. 그래서 '실크 라보'에서는 AV를 제작할 때 콘돔을 끼는 장면을 반드시 넣도록 하고 있습니다. 콘돔 착용법과 적절한 타이밍에 대해서는 3장에서 자세히 설명하기로 하죠.

TIP

▸ 편집되어 드러나진 않지만 AV 촬영 시에도 콘돔을 착용한다.

▸ 원치 않는 임신과 성병에 노출될 위험을 피하기 위해 꼭 콘돔을 착용한다.

AV 여배우라는 직업

AV 여배우는 크게 세 갈래로 나뉩니다. 제각기 나름의 기준이 있어서 어디에 속하느냐에 따라 들어오는 일감의 종류가 달라집니다. 일반적으로 여배우의 이름을 전면에 내거는 작품에 출연하면 단독배우라고 부릅니다. 개인차는 있겠으나 대체로 한 달에 한 번꼴로 촬영을 진행합니다. 사쿠라 마나 씨는 한 달에 한 편가량 AV에 출연하면서 남는 시간에는 소설과 에세이를 쓰고, 아스카 키라라 씨는 패션을 기획하는 일을 합니다. 이렇게 AV 업계에서 일하는 동시에 다른 분야에서 커리어를 이어나가는 배우들도 많습니다. 아오이 소라 씨처럼 일본을 넘어 중국 등지의 해외로 무대를 넓혀 활동하기도 합니다. 하타노 유이 씨는 대만에서 굉장한 인기를 얻고 있다죠.

다음으로 기획단독배우가 있습니다. 'A가 바다에서 섹스를 했다'는 식으로 여배우의 이름과 기획을 나란히 내거는 작품에 출연하는 배우입니다. 기획단독배우는 한 달에 보통 열 편가량의 작품에 출연하는데, 개중에 잘나가는 여배우는 스물다섯 편까지 찍기도 합니다. AV 촬영 현장뿐 아니라 팬들과 함께하는 촬영회라든가 온라인 미팅 등의 행사를 겸하기도 합니다. 기획단독배우가 단독배우로 전향하거나, 그 반대인 경우도 있습니다. 더 많은 작품에 출연하고 싶다는 이유로 단독배우였던 여배우가 기획단독배우로 갈아타기도 합니다.

기획단독물에는 치한물이나 강간물도 포함되어 있습니다. 하지만 어디까지나 실제 상황이 아니라는 전제하에 찍는 연출일 뿐입니다. 당연히 여배우와 사전에 협의를 거치고 합의를 본 후에 촬영에 들어갑니다. 협의 시에는 여배우가 제시하는 요구 조건과 플레이의 마지노선을 하나하나 명시하고 꼼꼼하게 확인합니다. 그 밖에도 기획배우라고 하여 이름을 내걸지 않는 여배우들이 있습니다. 이른바 일반인 헌팅물 및 학원물에는 기획배우들이 출연합니다. 이처럼 다양한 형태의 AV 배우가 존재합니다. 평생에 걸쳐 단 한 작품에 출연하는 사람도 있지만, 몇 년 동안 계속해서 활동하는 배우도 있습니다. 아오이 소라 씨는 15년이 넘게 일선에서 활약했습니다.

과장된 연기를 할 수밖에 없는 이유

여배우들은 연기 지도를 받고 나서 작품에 출연합니다. 감독이 이상적으로 여기는 '여성이 흥분했을 때 취하는 행동'을 몸소 연기하고, 여배우가 그대로 모사하도록 지도하는 일도 흔합니다. **AV에서는 여성의 '흥분 상태'를 다양한 요소를 통해 확인시켜주는 것이 관건입니다.** 그래서 시오후키는 물론이고 반동을 주는 동작과 교성도 연습하는 것입니다. AV는 표가 나게끔 찍어야 합니다. 그렇기 때문에 여배우가 흥분하는 장면에 화려한 연출이 개입되기 마련입니다.

그런데 이런 AV와 달리 실제로 여성이 흥분할 때 보이는 반응은 예상외로 무던합니다. 물론 구체적인 모습은 사람마다 다릅니다. 짐승처럼 포효하듯 내지르는 사람이 있는가 하면, 나지막한 신음을 흘리거나, 매미가 오줌을 뿌리듯 지리는 사람도 있습니다. 하지만 여성의 오르가슴은 무던한 쾌감, 그 자체입니다. 남성들은 과장된 AV 배우의 연기에 비해 상대적으로 맛밋한 반응에 파트너가 느꼈는지 아닌지 긴가민가할 따름이겠지만요.

어디까지나 연출의 결과에 불과한 AV상의 연기와 파트너의 반응을 비교했다간 자칫 파트너에게 압박감을 주기 쉽습니다. AV만큼 파트너의 반응이 격렬하지 않을 뿐이지 실제로 느끼고 있는 경우도 많습니다. 표현하는 방식은 사람마다 다릅니다. 파트너가 자신의 기분을 전달하거나 흥분감을 고조시키고자 연출을 자청한다면야 고마운 일이지만, 그렇다고 섹스가 연기나 다름없는 행위가 되고 만다면 파트너도 못내 부담스러울 겁니다. 그런 부담을 갖지 않도록 평상시 진솔하게 소통하는 것이 좋겠죠.

TIP

▸ AV 여배우는 흥분 상태를 시청자에게 효과적으로 전달하기 위해 과장된 연기를 한다.
▸ 여성이 오르가슴을 느낄 때 보이는 반응은 생각보다 무던하므로 AV와 비교하지 않는다.

크기와 발기력의 문제

흔히들 남성의 물건은 크면 클수록 좋다고 생각합니다. 크고 단단한 페니스를 '남자다움'의 상징처럼 여깁니다. 저도 이 바닥에 들어오기 전까지는 그렇게 생각했으니까요. 상황이 이렇게 된 데에는 남성들이 즐겨 보는 잡지의 영향도 있으리라고 봅니다. 잡지를 펼치면 '이거 하나면 커질 수 있다!'라고 떠들어대는 건강보조식품 광고가 심심찮게 눈에 띄죠. 열등감을 자극하는 문구들을 자주 접하다 보면 '자고로 남자는 크고 단단해야지'라는 믿음에 빠져들고 맙니다.

그런데 정말 크면 클수록 여자의 만족감도 커질까요? 꼭 그렇지도 않습니다. 사실 AV 업계에서 사이즈가 큰 남배우는 여배우에게 딱지를 맞는 일이 허다합니다. 앞서 말했듯이 여배우는 한 번 촬영하는 동안 여러 명의 남배우를 상대해야 합니다. 그런 여배우들에게 사이즈가 큰 남배우는 적잖은 부담으로 다가옵니다. '타이트하니까 첫 섹스 신에서 빼달라'는 여배우의 요청에 뒤로 밀려나거나, '음경 꺼풀이 커서 거치적거리고 아프다'는 말을 종종 듣는다고도 합니다. 들은 바로는 페니스가 큰 남배우는 너무 단단한 상태를 피하기 위해 발기 후에도 시간차를 두고 삽입을 시도한다더군요. 이 업계에서는 작은 사이즈보다 큰 사이즈를 콤플렉스로 여기는 남배우들이 많습니다.

의외로 인기 많은 에코 페니스

유명한 인기 남배우들 중에는 **'에코 페니스'**라고 불리는 적당한 사이즈로 여배우들의 인기를 독차지하는 사람도 있습니다. '에코 페니스'는 절대 낮잡는 말이 아닙니다. 큰 사이즈를 선호하는 여배우도 있지만 때때로 작은 사이즈가 삽입하기 수월합니다.

네 시간짜리 영상을 촬영할 때는 여배우가 신체적으로나 정신적으로나 상당히 힘들 수밖에 없습니다. 그래서 사려 깊은 감독들은 여배우의 컨디션을 고려하여 순서를 짭니다. 말랑한 페니스를 지닌 베테랑 남배우로 시작하여 좀 더 큰 사이즈의 남배우에게 바통을 넘겨주고 그보다 더 큰 사이즈의 남배우로 마무리하는 식이죠. 처음부터 급작스레 여배우에게 과한 충격을 주는 상황을 막기 위해 차차 적응시켜나가는 겁니다.

콘돔 전문 회사 듀렉스에 따르면 남성 성기의 평균 길이는 약 13센티미터이며, 나라마다 차이가 난다고 합니다. 단단함에 대한 선호도에도 개인차가 있습니다. 딱딱해야 좋다는 여배우도 없진 않지만, 제가 여태껏 경험한 바로는 크기와 단단함보다 전희에 더 큰 비중을 두기를 바라는 여배우가 많았습니다.

AV를 촬영할 때는 이야기가 조금 다릅니다. 시청자가 온 신경을 집중해서 화면을 주시하고 있는데 남배우의 물건이 맥을 못 추면 감정이입이 제대로 되지 않겠죠. 그래서 감독들은 '바지 내린 순간부터 풀발기시켜봐'라고 주문합니다. 저도 요령껏 처신한다고는 하지만 언제나 성공하는 것은 아닙니다. AV에서 언제나 풀발기 상태인 남배우의 모습을 보고 실제 잠자리에서도 그럴 거라고 생각한다면 오산입니다. **완성된 AV에는 편집 과정을 거친, 연출에 부합하는 모습만 담기기 때문입니다.** 발기력이 걱정되는 남성은 병원에 찾아가 상담을 받고 약을 복용하는 것도 하나의 방법입니다.

크기와 발기력 다음에는 움직임의 문제입니다. AV에서는 삽입 직후부터 격렬한 움직임을 보여주는 경우가 많습니다. 시청자에게 시각적 효과를 잘 전달하기 위한 연출이죠. 실제로 처음부터 허리를 격렬히 움직이라는 감독의 주문을 받습니다. 그러나 실제 섹스에서는 AV를 그대로 따라 하면 안 됩니다. 질 안이 페니스의 모양에 맞게 자리를 잡기까지 격렬한 몸놀림은 삼가는 것이 좋습니다. 삽입 후 가만히 기다리는 그 시간을 통해 남성과 여성 모두 더욱더 큰 쾌감에 이를 수 있습니다. 여성 입장에서는 낯선 물건이 몸 안에 들어오니 이물감이 느껴질 수밖에 없습니다. 만약 여성 파트너에게 '아프다'는 말을 들었다면 긴장하지 말고 상대를 살피면서 찬찬히 맞춰나가세요. 참고로 남성의 성기는 쓰면 쓸수록 서서히 커집니다. 근육 단련과 비슷한 원리입니다.

안면사정과 애널섹스

남성향 AV에서는 뜨거운 반응을 얻는데 여성향 AV에서는 싸늘한 반응을 얻는 플레이가 있습니다. 바로 안면사정과 애널섹스입니다.

안면사정을 좋아하는 여자는 없다

안면사정의 탄생 배경도 시오후키와 비슷합니다. 모자이크를 짙게 처리하던 시절에는 질내사정을 해도 표가 나지 않았습니다. 그러면서 여성의 가슴이나 배 부분에 사정하는 연출을 하기 시작했고 그보다 더 큰 시각적 효과를 꾀하다가 안면에 사정하기에 이르렀습니다. 그렇게 탄생한 안면사정은 남성 시청자들에게 열띤 반응을 얻으며 남성향 AV에서 자주 사용하는 소재가 되었습니다.

AV에서 여배우가 '얼굴에 사정해달라'고 말하는 모습을 보고 여성이 안면사정을 원한다고 생각한다면 큰 오산입니다. **여성들은 안면사정이라면 질색합니다.** 직업적 특성 때문에 많은 여성들과 관계를 맺는 저 역시 안면사정을 좋아한다는 여성은 여태 단 한 명도 못 봤습니다. 아무리 사랑하는 사이라도 안면사정을 시도하는 남성과는 헤어지겠다는 여성들도 있습니다. 무리한 요구를 들어주는 것이 곧 사랑이라는 생각은 착각입니다. 안면사정만큼은 잠자리에서 금물이라고 단칼에 선을 긋고 싶네요.

저도 현장에서 안면사정을 당한 적이 있습니다. 남자가 대뜸 얼굴에 걸터앉아 사정하는데, 아닌 게 아니라 무시무시한 공포입니다. 행여 눈에 정액이 들어가기라도 하면 눈이 새빨갛게 충혈됩니다. 그래서 안면사정 장면을 찍을 때는 충혈을 가라앉히는 안약을 현장에 비치해둡니다. 눈은 물론이고 머리카락에 묻어 꾸덕꾸덕 말라붙어도 골치 아픕니다.

애널섹스도 마찬가지입니다. 사람마다 성감대와 취향이 다를뿐더러 모든 여성이 애널섹스를 싫어한다고 단정 지을 수는 없지만, 좋아하는 사람은 정말 극소수에 지나지 않습니다. 적어도 제 동료 여배우 중에는 없으니까요. 애널섹스 장면을 찍기 위해서는 많은 준비가 필요합니다. 여배우는 촬영 전에 반드시 관장을 해야 합니다. 속을 깨끗이 비운 후에 주변부에 바셀린이나 마유를 바릅니다. 그리고 삽입 전에 작은 도구로 천천히 항문의 긴장을 풀어주는 마사지를 해주어야 합니다. 항문이 도구에 적응되었다 싶을 때에야 비로소 삽입합니다. 저는 마사지에 영 소질이 없어서 애널섹스 현장에서는 이 방면에 능숙한 남배우를 호출할 때가 많습니다.

왜 AV에서는 하드한 플레이를 하나

이토록 여배우에게 고역스러운 플레이가 AV의 주요 소재 중 하나가 된 이유는 무엇일까요? 공공연한 비밀이지만, 기획단독 여배우가 경력을 쌓을수록 하드코어물을 소화해야 한다는 것이 AV 업계의 불문율입니다. 인물에 집중하여 여배우의 매력을 선보이는 데뷔작을 찍고서, 코스프레물을 거친 후에 SM

물에 도전하거나 안면사정과 애널섹스를 시도하는 흐름이 일반적입니다. 점점 더 자극적인 것을 원하는 시청자들의 기대에 애써 부응하는 방향으로 나아가는 여배우들이 많은 듯합니다. 마치 정해진 수순처럼 이 길을 밟는 기획단독 여배우들을 볼 때마다 고민이 많아집니다.

중요한 것은 여배우들이 자진해서 안면사정이나 애널섹스 장면을 찍는 것이 결코 아니라는 점입니다. AV에서 '잔뜩 뿌려달라'느니 '여기도 넣어달라'느니 하는 대사를 곧이 받아들이고 파트너에게 강요해서는 안 됩니다.

TIP

▶ AV에 나오는 하드코어 연출을 파트너에게 강요해서는 안 된다.

스팽킹과 바이브레이터

당연한 이야기지만 AV의 치한물이나 강간물은 실제 상황이 아닙니다. **촬영 전에 배우와 감독이 어떤 장면을 어떻게, 어떤 수위까지 연출할 것인지 합의하고, 여배우가 특별히 요구하는 금지사항을 일목요연하게 작성합니다.** 이를테면 엉덩이를 때리는 스팽킹 플레이는 아프게 보이는 방법을 협의한 후에 여배우의 부담을 최소화하는 선에서 촬영합니다. 연기가 되는 여배우라면 카메라가 비추지 않는 곳에서 여배우의 어깨를 톡톡 때려 아픈 척 연기하게 하고, 실제로는 제 엉덩이를 쳐서 소리를 내는 식으로 촬영합니다.

AV 소비 방식이 대여에서 판매로 전환되면서 요사이 갈수록 하드한 노선을 좇는 작품이 늘어나고 있습니다. 과거에는 펠라티오만 해도 굉장히 조심스러웠는데, 요즘에는 스리섬물로 데뷔를 하거나 심지어 두 사람을 상대로 펠라티오를 하는 작품을 내놓기도 합니다. 바이브레이터가 나오는 경우도 다반사입니다. **AV를 즐겨 보는 시청자들은 AV에 나오는 행위들이 당연하다는 착각에 빠지기 쉽습니다. 하지만 AV는 어디까지나 판타지입니다.** 남배우들 가운데 잠자리에서 이런 행위를 벌이는 사람은 거의 없습니다.

시청자들의 요구에 따라 AV의 수위가 높아지는 걸까요? 아니면 AV 업계가 이런 작품을 양산해서 시청자들이 갈수록 높은 수위를 원하는 걸까요? 닭이 먼저인지, 달걀이 먼저인지 알 수 없습니다. 개인적으로는 여배우가 심적 부담을 느끼지 않는 범위 내에서 시청자들이 만족할 수 있는 새로운 형태의 섹스 스타일이 출현하기를 바랄 뿐입니다. 남성들이 AV가 판타지라는 사실을 제대로 이해하고 나서 파트너 여성과 섹스를 즐겼으면 합니다.

Chapter 3

이것이 진짜
섹스다

3장에서는 여성향 AV가 무엇에 중점을 두는지 살펴보고,
섹스 직전부터 사정 후까지 여성을 만족시키는
방법을 하나하나 알려드립니다.

섹스하기 전, 준비가 필요하다

우선, 섹스에 정답은 없다는 대전제를 깔고 이야기를 시작하겠습니다. 세상에 다양한 커플이 존재하듯, 섹스에도 다양한 방식이 존재할 테니까요. 그러나 섹스에 정답은 없을지 몰라도 좋은 섹스를 하기 위한 기본은 누구나 익힐 수 있습니다. 지금부터 나오는 이야기는 뭇 여성 스태프와 여배우의 의견을 모아 추려낸 최소한의 공통분모입니다.

첫째도 청결 둘째도 청결

먼저 데이트하기 전에 무엇을 준비해야 하는지 생각해볼까요. 제가 촬영 시 유의하는 사항은 첫째도, 둘째도 청결입니다. 몸을 섞어야 하는 장면이 있을 때는 반드시 촬영 전에 목욕을 합니다. 실제 상황에서 섹스 전에 샤워를 하느냐 마느냐는 그때그때 다릅니다. 땀 냄새가 신경 쓰이는 사람은 데오드란트나 물티슈를 가지고 다니면 좋습니다. 특정 향은 사람마다 호불호가 갈리니 무향을 택하는 것이 좋을 듯합니다. 시트형 데오드란트로 몸을 닦을 때는 주의해야 합니다. 데오드란트가 닿은 살갗을 핥으면 혀가 아릴 수 있으니 적당히 닦아야 합니다. 체취에 신경 쓰는 남성의 행동을 보며 여자는 '나를 이만큼 신경 쓰고 있구나' 하고 느낍니다. 냄새가 나느냐 마느냐는 그다음 문제죠.

입 냄새도 대책을 세웁시다. 저는 평상시에 칫솔과 치간 칫솔, 양치액으로 관리합니다. 그리고 4개월에 한 번씩 치과에 가서 스케일링을 받습니다. 깜빡하기 쉬운 부분이 손톱입니다. 긴 손톱은 여성의 성기에 상처를 입히기 쉬우니 반드시 손톱을 가지런히 바투 깎습니다. 다만 방금 깎은 손톱은 되레 흉기가 될 수 있으니 깎기만 하지 말고 네일 파일로 다듬어 줍시다. AV 남배우들이 모두 빼놓지 않고 하는 일입니다.

다리털이나 겨드랑이털 제모는 각자 취향에 달려 있지만, 수염 제모는 추천합니다. 수염이 자란 상태에서 비비적대거나 핥으면 따갑다는 말을 듣고 저는 과감히 제모를 했습니다. 날마다 면도해야 하는 귀찮음에서 벗어날 수 있고 파르스름한 자국도 남지 않습니다. 특별히 수염을 고수하는 사람이 아니라면 제모를 권합니다.

이 같은 여성에 대한 세심한 배려를 남성성의 대척점인 양여기는 사람들이 있을지도 모르겠습니다. 땀 냄새나 덥수룩한 체모가 남자다움의 상징으로 통하기도 하니까요. 하지만 **요즘 같은 시대에는 남성에게도 청결이 최우선입니다.** 여성이 불쾌해하지 않도록 몸 상태에 신경 쓰도록 합시다.

포경수술, 꼭 해야 할까?

남성들이 흔히 하는 고민 중의 하나가 포경입니다. 일본인 남성의 절반 이상은 포경수술을 하지 않았다고 합니다. AV 업계에는 포경수술을 하지 않은 남배우들이 수두룩한 데다 여배우들은 아무도 이 사실을 신경 쓰지 않습니다. 진성포경* 또는 감돈포경**이 아니라면 수술이 별달리 필요 없거니와, 포피를 뒤집는 기구를 구입할 필요도 없습니다. 포피를 접착제 따위로 고정하면 위험하니 절대로 하지 마세요. 나만 포경수술을 하지 않은 상태에서는 오염 물질이 쌓이기 쉬우므로 샤워할 때 반드시 포피를 뒤집어 씻어줍니다. 민감한 부분인 만큼 살살 다뤄주세요. 냄새만 잘 관리해준다면 아무런 문제가 없습니다.

성병 검사

다음은 성병과 성병 예방입니다. AV 업계는 성병 검사를 의무로 엄격히 규정하고 있습니다. 저도 한 달에 한 번씩 검사를 받습니다. 성병 검사라고 하면 민망한 생각이 앞설지도 모르지만 받아두는 것이 좋습니다. 요즘 들어 매독 환자가 급증하는 추세라고 합니다. 매독이 악화되면 등 또는 얼굴 부위에 증

----

* 음경의 귀두를 덮는 포피가 전혀 뒤집어지지 않는 상태.

** 포피가 귀두 뒤로 젖혀진 후 고정되어 돌아오지 않는 상태.

상이 나타나고, 여성은 불임이 될 수도 있습니다. 잠복 기간은 3주에서 6주입니다. 그 기간에는 검사를 받아도 양성반응이 나오지 않습니다. 클라미디아 감염증이나 헤르페스 바이러스 감염증도 주의해야 합니다. 영양부족 및 수면부족으로 면역력이 떨어지면 바이러스에 취약해지니 조심하세요.

　비뇨기과에서 실시하는 다섯 가지 항목에 대한 검사 비용은 대략 1만 2천 엔* 입니다. 혈액검사와 소변검사를 하면 결과는 사흘 내로 나옵니다. 일반인은 AV 배우만큼 자주 받을 필요는 없습니다. 파트너가 바뀌었거나 평소와 느낌이 다를 때 받으면 됩니다. 만에 하나 성병을 확진받았다면 완치할 때까지 섹스는 피하세요. 당시에는 몰랐다가 나중에 성병에 걸린 사실을 알게 되었을 때도 파트너에게 꼭 이야기해주어야 합니다.

　그리고 섹스하기 전에는 반드시 콘돔을 챙기도록 합시다. 파트너가 피임약을 먹고 있는 경우라면 임신 가능성이 낮아진

----

* 　한국의 경우, 검사 대상 항목 수에 따라 차이가 나는데 보통 10만 원 선이고 보험 적용하면 3~4만 원만 부담하게 되며 일부 지역의 보건소에서는 무료로 성병 검사를 받을 수 있다.

다는 생각에 소홀히 여기기 쉽습니다. 그러나 콘돔은 피임뿐만 아니라 성병을 예방하기 위해서라도 꼭 착용해야 합니다. 반복해서 말하지만 AV를 촬영할 때도 예외 없이 콘돔을 착용합니다. **'섹스할 때는 반드시 콘돔을 낀다'**는 사실을 유념하고 항상 콘돔을 준비해둡시다. 콘돔을 챙기는 남성은 여성에게 상대의 몸을 배려할 줄 아는 사람이라는 인식과 더불어 신뢰감을 심어줄 수 있습니다.

> **TIP**
>
> ▸ 청결이 최우선이다. 샤워를 하고 입 냄새를 없애고 손톱을 깎는다.
> ▸ 섹스할 때는 반드시 콘돔을 낀다.

섹스 유도법

얼마 전 《미래 섹스 연표 2019~2050년》(사카쓰메 신고 지음, SB신서)라는 책을 읽었습니다. 여기에 수록된 '일본인 성(性) 미래예측 달력'에서 '2029년 동의 없는 섹스는 곧 범죄다'라는 구절을 보고 흠칫 놀랐습니다. 이 책에는 제가 예상했던 흐름과 일맥상통하는 부분이 많아서 굉장히 흥미진진하게 읽었습니다. 여기서 거론된 **'성적 동의(Sexual Consent)'**는 현재 AV 업계에서도 자주 거론되는 이슈입니다. 여러분은 성적 동의라는 딱딱한 개념보다 마음 가는 이성이나 연인과의 분위기가 무르익었을 때 어떻게 해야 섹스로 이어질 수 있는지가 더 궁금할 겁니다. 그렇지만 성적 동의는 섹스를 하기 위해서라면 반드시 거쳐야 할 단계로 자리 잡았기에 꼭 짚고 넘어가야 한다고 생각합니다.

성적 동의란 무엇일까?

성적 동의라는 개념은 미투 운동의 영향으로 대두되었습니다. 미투 운동은 2017년 할리우드의 유명 영화 제작자의 성추행을 고발하는 기사가 보도되면서 본격적으로 시작되었습니다. 피해자들은 '나도 당했다'는 의미로 'Me Too'에 해시태그를 달아 소셜 미디어에서 목소리를 내기 시작했습니다. 이런 움직임이 전 세계로 확산되면서 성폭력 고발 운동이 전개되었습니다. 일본에서도 많은 여성들이 과거의 성폭력 경험에 대해 증언하면서 그동안 수면 아래에 있었던 성폭력 문제가 각계각층에서 드러나기 시작했습니다.

AV 업계에서는 성별에 관계없이 모든 배우가 사전에 계약서를 작성하도록 규정하고 있습니다. 플레이의 내용도 꼼꼼하게 살피고, 배우의 요구 조건과 마지노선을 상세히 협의한 후에 작품을 찍습니다. 앞서 언급했듯 성병 검사도 의무화되어 있죠. 그리고 거의 알려지지 않은 사실인데 AV 촬영 현장에는 별도의 고정 카메라가 종일 돌아가고 있습니다. 스태프나 매니저의 눈길이 닿지 않는 곳에서 계약서에 명시되지 않은 행위가 이루어지지 않도록 감시하기 위함입니다.

이처럼 섹스를 직업적으로 다루는 AV 업계에서는 일찌감치 성적 동의라는 개념을 다루어왔습니다. 그리고 이제 성적 동의는 섹스를 앞둔 사람이라면 누구나 염두에 두어야 할 문제입니다. 기본 중의 기본 원칙으로서, **섹스를 강요하거나 동의 없이 밀어붙이는 행동을 취해서는 안 됩니다. 특히, 술을 잔뜩 먹이고 하는 섹스는 절대 용납되지 않습니다.** 이때는 성적 동의를 얻지 않은 것으로 간주합니다. 그리고 성적 동의는 성관계를 처음 맺는 상대에게만 국한되는 문제가 아닙니다. 예컨대 부부 사이라고 해도 섹스를 강요하는 행위는 범죄로 취급될 수 있습니다.

YES가 아니면 하지 않는다

그렇다면 성적 동의 문제는 구체적으로 어떻게 다루어야 할까요? 어떤 상황이 문제가 되고 동의는 어떻게 구할까요? 한때

SNS상에서 널리 퍼졌던 동영상 하나를 소개합니다. 2015년 영국 경찰이 공개한 이 영상은 성적 동의라는 개념을 홍차 마시는 것에 빗대어 설명합니다. 성적 동의 문제는 상대와 함께 차를 마시는 것만큼이나 간단하다는 것이지요. 요약하면 다음과 같습니다.

- 당신이 홍차를 끓여도 상대방은 홍차를 먹을 의무가 없다.
- 당신이 '홍차 어때?'라고 물었는데 상대방이 '좋아'라고 답했다. 그런데 당신이 홍차를 내오는 순간 상대방이 '됐어'라고 거절했다. 그때 상대방은 홍차를 먹을 의무가 없다.
- 상대방이 술에 취해 필름이 끊겼다면 홍차를 끓이지 않는다. 의식이 없는 상태에서는 홍차를 먹고 싶어하지 않는다.
- 상대방이 '홍차 먹을래!'라고 말한 뒤에 필름이 끊겼다면 홍차를 먹여서는 안 된다. 의식이 없는 사람은 홍차를 먹고 싶어하지 않는다.
- '홍차 먹을래!'라고 말하고 홍차를 먹는 와중에 필름이

끊겼다면 홍차를 마저 먹여서는 안 된다.

• 지난주에 '홍차 먹을래!'라고 말했다고 해서 언제나 홍
  차가 먹고 싶은 것은 아니다.

• 홍차와 마찬가지로 섹스도 상대방의 동의와 승낙이 필
  요하다.

출처: 〈Tea and Consent〉*, Thames Valley Police

어떤가요? 성적 동의가 무엇인지 감이 잡히지 않나요? 저도
이 영상이 말하는 내용에 전적으로 동의합니다. 이를테면 데
이트 후에 호텔로 가서 단둘이 있는 자체가 곧 섹스에 대한 암
묵적 동의는 아니라는 뜻이죠. 또 생리를 시작해서 내켜 하지
않는구나 싶으면 자제해야 합니다. 생리 같은 신체적 변화가
아니라 '하고 싶은 마음이 사라졌다'는 말을 들었을 때도 다를
바 없습니다. '호텔까지 왔는데 안 할 거야?!' 하고 강요해서
는 안 된다는 말입니다.

이 영상에서 누차 강조했듯이 술에 취해 필름이 끊긴 아슬

----

* www.youtube.com/watch?v=pZwvrxVavnQ

아슬한 순간을 특히 주의해야 합니다. 현재 일본 사회에서 문제시되는 사례 가운데서도 상대가 술이나 약물에 취해 의식을 잃었을 때의 경우를 적지 않게 찾아볼 수 있습니다. 상대와의 섹스를 원할 경우, 심하게 취하지 않은 상태에서 데이트를 이어나가는 것이 바람직합니다.

당신과 섹스하고 싶어, 왜냐하면 좋아하니까

이제 본격적으로 '실크 라보'의 여성향 AV에서 어떻게 여성을 섹스로 유도하는지 소개하겠습니다. 남성향 AV와의 가장 큰 차이점은 섹스에 이르는 과정에서 '당신을 사랑하니까 섹스하고 싶다'는 의사를 표현한다는 것입니다. 섹스를 단순히 욕망을 해소하는 수단으로 바라보는 데 그치지 않고, 당신과 섹스하고 싶다는 동기 그 자체에 방점을 둡니다.

예전에 '실크 라보'에서 가난한 숫총각과의 섹스를 그린 〈다다미 방구석 달링〉이라는 작품을 내놓은 적이 있습니다. 이 작품의 남주인공은 가난한 형편이지만 여자친구와의 첫 섹스를 번듯한 호텔에서 치르고 싶어 합니다. 그래서 여자친구와 만

나는 시간을 줄여가면서 밤낮없이 아르바이트에 몰두하죠. 한편 여자는 요사이 남자가 통 얼굴을 내비치지 않자 자신에 대한 마음이 식었다고 생각합니다. 이 문제로 다투던 끝에 남자는 '번듯한 호텔에서 첫 경험을 치르고 싶어 아르바이트를 해서 돈을 모으고 있었다'고 고백합니다. 남자의 말을 듣고 여자는 감동하고, 결국 남자의 좁은 자취방에서 두 사람이 섹스를 나눈다는 이야기입니다.

첫 경험인 만큼 서투르고 어설픈 모습으로 연출되었지만, 그건 그것대로 좋았다고 여성들에게 호평을 받았습니다. 돈이 없어도 섹스가 서툴러도 '당신과의 첫 섹스를 특별한 경험으로 만들고 싶었다'는 이야기가 여성들의 마음을 건드린 것입니다. 물론 여성향 AV도 판타지입니다. 드라마를 찍는 것도 아닌데 생각을 일일이 전달하고 섹스를 해야 한다니 귀찮게 느껴질 수도 있습니다. 하지만 이런 작품이 여성들의 지지를 받는 데는 분명한 이유가 있습니다.

반면에 단순히 성욕을 해소할 목적으로 '섹스하자'며 밀고 나가는 패턴도 있습니다. 이 경우에는 사전에 여배우와 연출

내용에 대해 합의하고 동의를 얻은 후에 촬영을 진행합니다. '실크 라보'의 여성향 AV에서도 거칠게 밀어붙이는 상황을 전개하기도 합니다. 다만 싫다고 거부하는 상대를 다짜고짜 덮지는 내용이 아닙니다. '호감을 품고 있는 남성이 박력 있게 다가간다'는 연출이 반드시 추가됩니다.

쉽게 간추리자면 **'당신과 섹스하고 싶어, 왜냐하면 좋아하니까'**라는 의사를 확실히 전하고, **'좋아'**라는 대답이 돌아오면 되는 겁니다. 안 된다는 말을 들으면 바로 물러서고, 좋다는 말을 들으면 함께 즐기는 것이죠. 이것이야말로 '유도법'의 핵심입니다.

> **TIP**
>
> ▸ '섹스하고 싶다'는 의사를 확실히 전하고 '좋다'는 대답을 얻는다.

섹스 직전

섹스에서는 삽입에 이르기까지 분위기를 조성하고 전희를 거치는 것이 중요합니다. 삽입 시간에 연연하는 남성들이 많은데, 그에 못지않게 전희 시간도 비슷한 비중으로 잡아야 합니다. 삽입 시간과 전희 시간의 비율은 1:1을 기본으로 하되, 여력이 된다면 전희를 더 길게 하는 것도 좋습니다. 전희를 즐기지 않는 여성도 드물게 있으나 대부분의 여성들은 전희 시간이 긴 쪽을 선호합니다.

전희의 3요소

전희를 할 때 제가 특히 유념하는 세 가지가 있습니다. **키스하**

기, 손잡기, 눈을 맞추고 '너와 함께 있어서 좋다'고 말하기입니다. 느닷없이 가슴이나 성기 부분을 더듬지 말고 손잡기부터 시작하는 겁니다. 여성향 AV에서는 키스 신뿐만 아니라 이렇게 손을 잡고 눈을 맞추고 머리를 쓰다듬는 모습을 오래 보여줍니다. 반면 남성향 AV에서는 키스나 손을 잡는 애정표현에 초점을 맞추기보다 성기가 맞닿는 곳을 비추기에 급급합니다. 키스 신을 촬영할 때는 최대한 혀를 쭉 내밀어 혀가 뒤섞이는 모습이 잘 보이도록 널름널름 내두르라고 주문합니다. 타액을 서로 나누는 것도 모자라 '타액 줄래'라는 황당한 대사를 칠 때도 있죠. 잠자리에서 섣불리 따라 하는 일이 없기를 바랍니다.

여성향 AV에서는 틈만 나면 키스를 해댄다고 할 만큼 키스 신이 많이 등장합니다. 그중에서도 프렌치 키스가 압도적으로 많습니다. 그저 감겨드는 것만으로도 기분 좋은 키스죠. 작은 새가 콕콕 쪼듯이 입술을 쪽쪽 맞대는 버드 키스도 자주 나오고요. 뭐니 뭐니 해도 딥 키스가 대표적이지만 그 외에도 입술 부위를 대여섯 군데로 나눠 도장을 찍듯 입을 맞추는 키스도 있습니다. 입술은 위아래로 감각이 미묘하게 달라서 입술 부위를 세세하게 나눠 애무하듯 키스하면 색다른 감각을 느낄 수 있습니다. 입술뿐만 아니라 혀로 하는 키스도 있습니다. 상대의 혀를 펠라티오 하듯이 핥는 겁니다. 혀에도 성감대가 있어서 기분을 고조시킬 수 있습니다.

이렇게 다양한 키스를 아무리 못해도 2~3분간은 나눠야 합니다. 대체로 5분가량 지속할 텐데요. 여성과 에너지를 나누며 교감하는 시간이라고 생각하세요. 저는 남배우 가운데 키스를 길게 하는 편에 속하는데, 여배우들에게 '키스가 좋았다'는 말을 제법 들었습니다. 남성향 AV에서는 키스 신에 거의 시간을 분배하지 않습니다. 하지만 실제 연인과의 섹스라면 키스에 많은 시간을 할애하는 슬로우 섹스가 좋습니다. 영상으로 볼 때는 길게 느껴지겠지만, 직접 해보면 5분도 순식간입니다. 시간을 여유롭게 쓴다는 느낌으로 키스를 즐기는 겁니다. **입술 외에도 얼굴을 비롯한 온몸에 입을 맞추는 것도 여성에게 안정감을 줍니다.** 귀에 키스하는 것을 좋아하는 여성도 있습니다. 하지만 물고 빨다가 중이염에 걸릴 위험도 있으니 주의해야 합니다. 날숨이 닿을 만큼 나긋한 감각으로 키스를 합니다.

손잡기, 예쁘다고 말하기, 머리카락 쓰다듬기

저는 한창 키스에 몰입하거나 가슴을 핥을 때 상대의 손을 자주 잡습니다. 남성향 AV에서 이런 행동을 했다간 '쓸데없는 짓한다'는 말을 듣기 십상이지만, 여성향 AV에서는 손을 잡는 모습이 좋았다는 반응이 돌아오죠. 손을 잡으면 상대가 얼마나 긴장하는지 고스란히 와닿습니다. 애무할 때 손을 잡으면 여성이 느끼고 있는지, 아파하지는 않는지 파악할 수 있습니다. 뿐만 아니라 손을 잡는 것만으로도 파트너에게 안정감을 줄 수 있습니다. 손을 잡아보세요.

물리적인 신체 접촉뿐 아니라 말로 교감하는 커뮤니케이션도 중요합니다. 저는 여성향 AV에서 '귀엽다' '예쁘다' '기분 좋다'라는 말을 수시로 합니다. 이때 마음에도 없는 거짓말은 절대 하지 않습니다. 구체적으로 어떤 부분이 좋은지 이야기하고 칭찬해줍니다. 그리고 상대의 눈을 응시하며 말합니다. 처음에는 쑥스럽겠지만 여성이 좋아하는 모습을 볼 수 있을 겁니다. 그 외에도 저는 여배우의 머리카락을 자주 쓰다듬으려고 합니다. 신뢰 관계가 뒷받침된 상태에서 머리카락을 쓰다듬으면 '애정이 느껴진다' '안심이 된다'고 여성들은 말합니다. 그리고 잘할 수 있을까 하는 마음에 불안할 때는 솔직하게 털어놔도 괜찮습니다. 다만 당신과 섹스하는 것이 기쁘다는 마음을 정성스레 표현해주세요.

샤워는 필수? 옷 벗기는 타이밍은?

섹스 전에 샤워가 필수냐는 질문을 자주 받습니다. 샤워를 하느냐 마느냐는 어디까지나 상황 나름입니다. 청결을 따지자면 당연히 샤워를 해야죠. 하지만 모처럼 달아오른 중대한 순간에 찬물을 끼얹는 행동이 될 수도 있으니까요. 저는 여성과 커플 샤워를 즐기는 편인데, 사람에 따라서는 낯설어할 수도 있습니다. 옷을 벗는 것도 부끄러운 마당에 함께 욕탕에 들어가거나 샤워를 하는 것은 더더욱 못하겠다는 사람도 있습니다. 여성이 먼저 같이 샤워하자고 제안할 때 응하면 좋을 듯합니다.

옷을 벗기는 타이밍을 두고 고민하는 남성들도 있습니다. 한 가지 조언을 하자면, 꼭 '**물 흐르듯 능수능란하게' 벗기지 않아도 된다는 겁니다.** 상대가 여러 겹의 옷을 입고 있거나 브래지어의 후크 위치를 못 찾을 때는 당혹스러워 허둥댈 수도 있습니다. 그럴 때는 "이거 어떻게 벗기는 거야?"라고 물으면 그만입니다. 그 질문을 듣고 지질하다고 생각하는 여성은 없으니 걱정하지 말고 편안한 마음으로 임하세요. 상대와 소통하고 교감하는 데에 집중하세요. 능숙한 솜씨로 옷을 벗기는 남성은 오히려 여자 경험이 많다는 인상을 줄 수도 있습니다.

능수능란하게 옷을 벗기는 것보다 훨씬 중요한 일이 있는데요, 바로 속옷을 소중히 다루는 것입니다. 남성분들, 여성 속옷이 얼마나 비싼지 아시나요? 예전에 '여성 속옷'을 검색했을 때 남성 속옷과는 다른 신세계가 펼쳐져 놀랐던 적이 있습니다. 브래지어만 해도 수만 엔을 호가하는 고가품들이 수두룩합니다. 그 비싼 속옷을 찰나에 훌러덩 벗겨내기 바쁜 우리 남성들. 예쁘게 보이고 싶어 속옷을 산 여성의 마음을 헤아려보세요. 분명 상대방이 좋아할 것이라는 기대감에 부풀었을 겁니다. 그렇게 고이 차려입은 속옷을 치마와 함께 단번에 벗기면 속상하겠죠. 여성들도 '속옷에 힘 좀 줬는데 그냥 넘어가다니 속상하다'고 말합니다. 한시라도 빨리 벗기고 싶은 심정은 이해합니다. 하지만 '예쁘다' '섹시하다' '오늘 입으려고 준비한 거야?'라고 한마디 덧붙이는 것만으로도 여성을 기쁘게 해줄 수 있습니다.

TIP

▸ 섹스 전에는 키스를 충분히 나누고, 손을 잡고, 대화에 집중한다.

▸ 상대의 속옷을 소중히 다룬다.

애무

전희를 일종의 봉사라고 생각하고 귀찮아하는 남성도 있습니다. 잘못된 생각입니다. 여성의 기분을 편안하게 만들어주면서도 여성 몸 특유의 포근함을 누린다는 생각으로 전희에 임한다면 귀찮은 행위가 아니라 즐거운 자극이 됩니다.

애무의 기본 원칙은 다음과 같습니다.

> ① 위치 : 주변부 → 중심부
> ② 강도 : 약하게 → 강하게

초반에는 여성의 불안감을 덜어주는 '안심모드'로 나가다가, 서서히 '성감모드'로 전환합니다.

안심모드에서 성감모드로

여성의 대표적인 성감대로 유두와 클리토리스를 꼽지만, 그 밖에도 성감을 잔잔히 자극할 수 있는 신체 부위들이 있습니다. 예를 들면 쇄골, 어깨뼈, 허리뼈, 복사뼈와 같이 뼈가 도드라진 부분인데, 그 부분은 피부가 얇아서 한층 예민하게 자극을 느낄 수 있습니다. 옷 안쪽의 솔기와 살갗이 닿는 부분도 숨겨진 공략 포인트입니다. 웬만해선 자극을 받을 일이 없는 부분이거든요. 티셔츠나 셔츠의 위쪽에서 천천히 쓸어내리는 정도로 충분합니다. 넓적다리 뒤쪽이나 등허리도 평소에 손길이 닿지 않는 부위라서 의외로 민감하게 반응합니다.

단, 교감이 충분히 이루어지지 않은 상태에서 성감모드로 직행하면 안 됩니다. 몸을 밀착시켜 접촉하는 면적을 늘리고 상대의 기색을 살피는 선에서 살근살근 맞닿게 합니다. 성감모드에 들어섰다는 판단이 들면 닿을락 말락 은근한 손길로 어루만져주세요.

가슴은 남성들이 생각하는 것만큼 그리 큰 성감대가 아닙니다. 남성들이 부대끼고 파고들고 싶어 하는 부드러운 촉감의

젖가슴은 지방으로 이뤄져 있어 여성들은 자극을 별로 느끼지 못합니다. 가슴보다는 성감이 높은 유두를 핥는 것이 좋습니다. 이때 유두로 직진하지 말고, 주변부에서 출발하여 중심부로 다가들며 찬찬히 다가오는 느낌을 받게끔 핥습니다. 이렇게 하면 기대감이 고조되면서 자극을 한층 더 민감하게 받아들입니다. 유두는 빨거나 손가락으로 꼬집으면 자극이 무척 크기 때문에 살살 어루만져줍니다.

비단 가슴뿐만이 아닙니다. **여성이 성감모드에 진입하기 위해서는 남성보다 더 많은 시간이 필요합니다.** 그런 만큼 주변부부터 어루만지고 핥으면서 기대감을 끌어올린 후에 차츰차츰 중심으로 다가드는 방법을 취하는 것이 좋습니다. 또는 기대감을 안겨주고서 다가오리란 예상을 빗맞히는 테크닉을 활용해 상대의 반응을 즐겨보세요.

쿤닐링구스*도 마찬가지입니다. 갑작스레 강도 높은 자극을 주지 말고, 성감대가 약한 부위에서 시작하여 성감대가 높은

---

* 남성이 여성의 성기를 입으로 애무하는 구강성교.

부위로 천천히 옮겨갑니다. 여성이 성감을 느끼면 클리토리스 부위의 혈류량이 늘어나 크기가 점점 부풉니다. 처음에는 혀를 대고 온기를 전하기만 해도 괜찮습니다. 천천히 혀를 놀리되, 특정 지점만을 공략하기보다는 전체적으로 핥아주는 것이 좋습니다. 남성향 AV에서 나오는 쿤닐링구스는 격렬하기 짝이 없습니다. 그러나 이런 과격한 행위는 절대 금물입니다. 애액으로 젖지 않은 클리토리스를 강렬히 자극하거나 살짝 물고 싶어 하는 남성들이 있는데, 여성이 공포감을 느낄 수 있으니 삼가길 바랍니다. 쿤닐링구스를 좋아하지 않는 여성도 있으니 시작하기 전에 물어보세요. (AV 촬영을 하다 보면 쿤닐링구스를 더 해달라는 요청이 많이 들어옵니다. 보다 오랫동안 느긋이 쿤닐링구스를 받고 싶어 하는 여성들이 많은 듯합니다.)

여기랑 여기 중에서 어디가 좋아?

저는 쿤닐링구스나 핑거링을 할 때 "아프지 않아?"라고 자주 묻습니다. 자극을 편안하게 받아들이고 있는지, 혹은 겁을 먹거나 긴장하고 있는지는 신체적인 반응으로 확인할 수 있습니다. 이를테면 긴장한 상태에서는 발가락에 힘을 준다든가 엉

거주춤한 자세를 취한다든가 손으로 움직임을 저지하려고 합니다. 때로는 목소리가 달라지기도 합니다. 그럴 때는 눈을 응시하며 상대방이 지금 어떤 심리상태인지 수시로 확인합니다.

무서워하는 상태에서 손을 잡으면 힘이 잔뜩 들어가거나 유난히 땀이 많이 납니다. 이런 반응을 알아차렸을 때는 "괜찮아?" "아프지 않아?" 하고 물으며 상대의 기분을 확인합니다. 남성향 AV를 촬영할 때는 "아프지 않아?"라고 물었다가 맥 끊지 말라고 감독에게 한마디 듣기도 했죠. 반면에 여성향 AV에서는 다정함이 묻어나는 장면이라고 생각했는지 편집되지 않고 그대로 나갔습니다. 반대 입장이 되어 생각해보세요. 메마른 귀두 부분을 강하게 자극하면 대단히 고통스럽죠. 여성이 아파하지는 않는지 반응을 살펴주세요.

미용실에서 샴푸 받을 때 "가려운 곳은 없으세요?"라고 물으면 딱히 설명하기 어렵다거나 까탈스럽게 비칠까 봐 "괜찮습니다" 하고 넘어갈 때도 많을 텐데요. 마찬가지로 "아프지 않아?"라고 물어도 참고 넘어가는 여성이 있습니다. 그럴 때 가장 좋은 방법은 **"여기랑 여기 중에서 어디가 좋아?"**라고 물어보는 겁니다. 섹스하는 동안에는 침묵이 흐르기 쉽습니다. 말을 꺼내봤자 괜히 겸연쩍어지고, 자칫 분위기를 망치는 것은 아닌지 걱정스럽죠. 그래도 저는 여성향 AV에서 섹스 신을 찍을 때 여배우에게 곧잘 말을 건넵니다. 특히 안심모드에서 성감모드로 들어가는 단계에서 대화를 많이 합니다.

그리고 여성 시청자들이 짚어줘서 알게 된 사실인데, 제가 애무할 때 툭하면 고개를 끄덕거린다고 하더군요. 상대 여배우를 지그시 바라보면서 고개를 끄덕인다나요. 좋았다고 말해주는 여성 시청자들이 많았습니다. 여성의 반응을 유심히 관찰하고 배려하는 남성의 모습으로 시청자들에게 전달된 것 같습니다. 오르가슴이라는 목표에 목매지 않고 여성의 페이스를 살피며 세심하게 맞춰 나가는 남성을 볼 때 여성은 마음을 엽니다. 섹스가 '관계'를 즐기는 방향으로 나아간다면 좋겠죠.

여성은 전희를 거치는 동안 '이 사람한테 몸을 맡겨도 될까' 하고 적잖은 불안을 느낍니다. 임신과 성병의 위험성도 고려해야지, 무엇보다 몸속으로 낯선 물건이 들어오지, 겁이 나는 것도 당연합니다. 촬영 현장에 아직 익숙지 않은 여배우 중에는 긴장해서 애액이 나오지 않는 사람도 있습니다. 그럴 때는 긴장이 풀릴 때까지 진득하게 기다립니다. 편집 과정에서는 삭제되지만 한 시간 이상 남배우가 애무한 후에 겨우겨우 긴장이 누그러져 몸이 풀리는 여배우도 있습니다. 마음의 빗장을 풀고 나서야 가까스로 상대를 받아들이게 된 겁니다. 시간을 들인 전희와 여성을 안심시키기 위한 대화는 생략하지 않는 편이 좋습니다. 물론 신뢰가 쌓여 관계가 돈독해지면 가끔은 '당신을 갖고 싶다'는 욕망을 표현하고 나서 전희 시간을 적당히 보내고 삽입으로 넘어가도 되겠죠.

TIP

▸ 전희는 주변부에서 중심부로, 강도를 서서히 높여가며 진행한다.
▸ 섹스 중에도 대화를 유도해서 상대방에서 안정감을 준다.

콘돔 착용

'실크 라보'는 AV를 제작할 때 학습 차원에서 콘돔을 착용하는 장면을 필수로 넣습니다. 콘돔 착용법을 올바르게 숙지하고 있는 사람은 의외로 드뭅니다. 앞뒷면을 구별해야 한다든가 꼭지 부분을 살짝 비틀어 공기를 빼야 한다는 사실을 모르는 경우도 많죠. 남성향 AV에는 콘돔을 끼는 장면이 나오지 않으니 자세히 알 기회가 없었을지 모르겠습니다. 유튜브에서 '콘돔 착용법'을 검색해보는 것도 좋은 방법입니다.

올바른 콘돔 착용법

콘돔에는 앞면과 뒷면이 있습니다. 포장지에 친절히 앞뒷면을 써놓은 제품도 있죠. 가장자리가 톱니 모양으로 처리된 포장지를 그대로 뜯었다간 콘돔이 손상될 수 있습니다. 정사각형 포장지에 담겨 있는 콘돔을 한쪽으로 밀어놓고 뜯도록 합니다. 콘돔을 꺼내 먼저 앞뒷면을 확인합니다. 가장자리가 말려 올라간 쪽이 앞면입니다. 몇 번 해보면 어렵지 않게 앞뒤를 구별할 수 있습니다. 먼저 볼록 올라온 꼭지 부분을 손가락으로 비틀어 공기를 완전히 뺀 후, 꼭지 부분을 그대로 잡고 귀두 부분에 올려놓은 뒤 나머지 한 손으로는 페니스에 콘돔을 씌웁니다.

포경수술을 하지 않은 남성은 포피가 늘어난 부위에 콘돔을 씌웁니다. 발기가 잠시 풀리거나 포피가 움직여도 문제없게끔 윗부분은 말려 있는 상태로 두는 것이 좋습니다. 영상을 보면 이해하기 쉬울 테니 꼭 시청하기 바랍니다. 특히 콘돔 앞뒤를 잘 구별하여 거꾸로 착용하지 않도록 주의하세요. 아깝다고 뒤집어서 재사용해서는 안 됩니다. 한 번 사용했던 콘돔에는 쿠퍼액이 묻어 있을 가능성이 크기 때문입니다. 이때 만큼은 절약 정신을 버리고 새 콘돔을 사용합시다. 사정한 후에는 정액이 흘러나오지 않도록 잘 묶어서 버립니다.

콘돔을 끼는 뻘쭘한 시간이 질색이라고 말하는 남성들도 있습니다. 한창 물오른 그때 '콘돔이 어딨더라?' 하고 지갑과 가방을 뒤적거리는 시간이 머쓱하기 그지없다는 겁니다. '실크라보'의 AV에서는 콘돔을 꺼내는 동안 키스하도록 연출하여 그 시간을 요령껏 때웁니다. (조금 멋은 없어 보여도 콘돔을 챙기려는 남성의 마음 씀씀이를 여성이 사랑스럽게 여겨준다면 더할 나위 없겠죠.) 남성들도 콘돔 착용을 연습하되, 여성 또한 자신의 몸을 지킨다는 생각으로 콘돔 착용법을 숙지해 두는 것이 좋습니다. 둘만의 비밀스러운 유희를 즐기듯 여성이 콘돔을 씌워주는 것도 좋은 방법입니다.

TIP

▸ 콘돔 착용은 필수다.
▸ 올바른 콘돔 착용법을 영상으로 확인하고 숙지한다.

삽입

삽입 타이밍과 삽입 직후의 움직임

가장 이상적인 삽입 타이밍은 여성이 마음의 준비를 마치고 '넣어달라'고 말할 때입니다. 하지만 매번 그 타이밍을 가르쳐달라고 하기는 곤란할 겁니다. 남성이 '못 참겠다'고 말하는 것을 좋아하는 여성도 있습니다. 정 못 참겠다 싶으면 솔직하게 말해도 괜찮습니다. 여성이 '아직'이라고 말할 때는 잠깐 한 템포 늦추면 됩니다. 말없이 불쑥 삽입하는 행동은 금물입니다. 남성이든 여성이든 자신의 의사를 솔직하게 말할 수 있는 관계 자체가 중요하다고 생각합니다.

특히나 여성이 처음이거나 섹스에 익숙하지 않을 때는 무리하게 삽입하지 않도록 주의해야 합니다. 긴장해서 몸에 잔뜩 힘이 들어가 있을 때 삽입하면 애꿎은 통증만 불러일으킵니다. 반면 긴장이 누그러지고 근육이 이완되어 받아들일 준비가 되면 섹스에 익숙하지 않아도 부드럽게 들어갑니다. 여성의 음부가 충분히 젖었는지 서로 확인하고 반응을 살피며 넣습니다. 훅 밀어 넣지 말고 천천히 삽입합니다.

남성향 AV에서는 움직임을 과장하다 보니 삽입 장면에서 역동적으로 깊숙이 밀어 넣도록 연출합니다. 그렇지만 여성향 AV에서는 있을 수 없는 일이죠. **우선 앞부분만 살짝 넣고 '괜찮아?'라고 물어본 뒤에 '아프다'라고 말하면 그 상태로 가만히 기다립니다.** 삽입하는 쾌감보다 서로 이어져 있다는 유대감을 우선시하는 겁니다. 남성은 얼른 허리를 뒤흔들고 싶겠지만 잠시만 꾹 참고 삽입한 채로 얼마간 여성의 질 안을 느껴 보세요. 강렬한 자극은 아니어도 서서히 조여 오며 맞아들어가는 기분 또한 놓칠 수 없는 기쁨입니다.

성분 좋은 젤을 활용하자

애액이 나오지 않아 여성의 음부가 건조할 때는 젤을 사용해도 괜찮습니다. 남배우 세계에서는 '쉬운 길로만 간다'며 탐탁지 않아 하는 사람도 있습니다만 저는 구애받지 않는 편입니다. 여성이 느끼고 있더라도 몸 상태에 따라 충분히 젖지 않을 때도 있거든요. 대부분의 촬영 현장에는 여성용품 브랜드 '웨트러스트'에서 나온 삽입형 젤이 구비되어 있습니다. 탐폰처럼 질 안에 넣고 톡 누르면 젤이 스며 나와 한결 매끄러워지는 제품입니다. 사용하고 나서는 간편하게 씻어낼 수 있습니다. 혹시 모를 상황을 대비하여 여배우들이 화장실에 가서 미리 넣고 오기도 합니다.

윤활제의 경우 몸에 바르고 즐기는 것까지는 괜찮습니다. 그러나 질에 들어가면 건조해져 칸디다 질염을 유발하기 쉽습니다. 수용성 제품을 선택하고 성분을 잘 확인하는 것이 중요합니다.

하다가 발기가 죽었을 때

섹스 도중에 발기가 죽거나 중요한 순간에 힘이 들어가지 않아 당황했던 남성들도 있을 겁니다. 앞에서 고백했듯이 저는 발기가 자주 죽습니다. 이 바닥에서는 제가 다시 발기할 때까지 기다리는 시간을 두고 '잇테츠 지옥'이라고 부르죠. 그럴 때는 가급적 현장 분위기를 화기애애하게 유지해달라고 부탁합니다. 벌떡 세우고 싶은 마음이야 굴뚝같지만, 현장에 긴장과 정적이 감돌면 시간이 더 오래 걸리거든요. '얼른 세우라'는 분위기를 감지할 때도 '멘붕' 상태가 되어 복귀가 늦어집니다. '나 때문일까' 하며 여배우가 미안해하는 눈치면 오히려 압박감이 커집니다. 차라리 장난스럽게 대해주는 편이 훨씬 낫습니다. 반면 조용한 분위기 속에서 집중이 잘 된다는 남배우도 있습니다.

발기가 잘 안 되거나 도중에 죽는 것은 심리 상태와 깊은 연관이 있습니다. 저는 첫 경험 때조차 서지 않았습니다. 발기는 혈류량과도 밀접한 관련이 있습니다. 피로 누적, 불규칙한 식생활과 운동 부족, 흡연 및 음주 등은 혈류량을 줄여 발기부전의 원인이 됩니다. 그렇지만 저는 대체로 심리 상태에 달려 있다고 봅니다.

모처럼 상대와 사랑을 나누고 있는데 발기가 죽으면 초조해지겠죠. 그러나 안달하면 안달할수록 발만 동동 구르다가 끝납니다. 강렬한 자극을 주는 것도 한두 번이지, 그렇게 무리하여 세우기를 반복하다 보면 감각이 마비되어 오히려 발기부전을 악화시킬 수 있습니다. 제 경험상 일단 긴장을 풀고 마음을 느긋하게 먹은 후 차츰차츰 약한 자극을 가해 흥분시키는 방법이 발기 복귀에 도움이 되었습니다.

남배우들은 저마다 언제 닥칠지 모를 이런 상황을 대비하여 자신을 흥분시킬 수 있는 '비장의 무기'를 가지고 있습니다. 불의의 상황이 닥치더라도 이거 하나면 곧바로 발기가 가능하기에 안심할 수 있습니다. 단, 발기에 너무 집중하다가 상대를 방치하는 일이 없도록 관심을 기울여주세요. 유난히 성감을 자극하는 여성의 특정 부위를 보며 야릇한 상상을 펼치거나 상대에게 성감대를 자극해달라고 부탁하는 것도 좋습니다. 제가 추천하는 성감대는 유두입니다. 프로 남배우라고 하더라도 여배우에게 유두를 핥아달라고 부탁하면서 스스로 문지르다가 넣는 사람도 있습니다. 그러니 발기부전에 너무 겁먹을 필요는 없습니다.

> **TIP**
>
> ▸ 상대의 반응을 살피면서 천천히 삽입한다.
> ▸ 처음부터 격렬하게 움직이지 말고 상대의 반응에 맞춰 나간다.
> ▸ 발기가 죽었을 때는 긴장을 풀고 천천히 자극을 준다.

섹스 이후

마지막으로 오르가슴 이후에 찾아오는 이른바 '현자타임'에 대해 이야기하겠습니다. 남성향 AV에서는 일을 치른 후에 별안간 남배우가 사라지고 없습니다. 하지만 여성향 AV에서는 섹스가 끝난 후에 두 사람이 알콩달콩 다정한 시간을 보냅니다. '사랑해'라는 말과 함께 입을 맞추거나 머리를 쓰다듬는 모습을 보여줍니다. 그런데 사정 후 성욕이 뚝 떨어지는 현자타임이야말로 남성들이 시험에 빠지기 딱 좋은 시간입니다. 생물학적으로 남성은 사정한 직후에 다른 수컷에게 습격당하지 않도록 곧바로 흥분 상태에서 빠져나와 냉정을 되찾는다고 하더군요.

저는 이때 '상대가 나를 얼마나 좋아하는지' 확인하고 싶어하는 여성의 심리를 엿보고는 합니다. 현자타임에 빠진 와중에 "나 얼마만큼 사랑해?"라고 여성이 물어오면 '지금은 좀 내버려두라'는 심정으로 대화를 피하고 싶을 겁니다. 저도 예외는 아닙니다. 하지만 그 순간에 "많이 사랑하지"라고 말해줄 수 있는 남성이야말로 멋진 남자라고 생각합니다. 성경에 '시험에 들지 않도록 늘 깨어 있으라'는 구절이 달리 있는 것이 아닙니다. **여성에게는 섹스를 끝내고 난 이후의 스킨십이 삽입 시간만큼이나 중요합니다.** 끝나자마자 샤워를 원하는 여성들도 있을 테지만 이 시간을 친밀하게 보낼수록 여성과의 관계가 돈독해진다는 사실을 기억하세요.

여성이 언제나 오르가슴에 오르지는 않습니다. 오르가슴에 집착하면 정작 중요한 상대방의 기분을 등한시하게 됩니다. 앞서 언급했듯 이런 태도는 여성을 압박하는 것이나 다름없습니다. 진솔하고 원활한 소통으로 정신적인 충족감을 안겨주는 것이 가장 중요합니다. 섹스의 즐거움은 자신의 기쁨을 추구하면서 더 나아가 상대를 받아들이는 기쁨을 누리는 데에 있습니다. 섹스는 환희 그 자체입니다. 사랑받기에 앞서 사랑하려는 마음으로 서로를 배려한다면 섹스가 한층 즐거워질 겁니다.

▸ 사정 후 현자타임이 와도 적극적으로 소통하기 위해 최대한 노력한다.

Chapter 4

앞으로 섹스는
어떻게 바뀔까?

지금까지 남성향 AV와 여성향 AV의 차이를 짚으며
여성을 만족시키는 섹스에 대해 생각해보았습니다.
4장에서는 앞으로 섹스가 어떻게 변화해 나갈지 가늠해보고자 합니다.

상승하는 섹스 비용

요즘 자주 들리는 '섹스 이탈'에 대해 살펴볼까요. 일본 사회에서는 이전에 비해 섹스를 하지 않는 경향이 나타나고 있습니다.

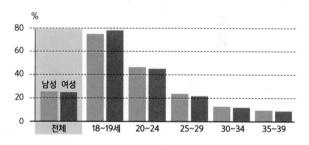

연령별 성 미경험자 비율(2015년)

* 출처: 도쿄신문 2019년 4월 8일 자

증가하는 미경험자와 미혼 인구

일본 도쿄대학교와 스웨덴 카롤린스카 연구소 팀은 일본인 18~39세 연령대의 25퍼센트가 성 경험이 없다는 조사 결과를 내놓았습니다. 20퍼센트였던 1992년과 비교해 23년 사이에 섹스 미경험자가 5퍼센트나 증가한 것입니다. 30대만 떼어놓고 봐도 열 명 중 한 명가량은 성 경험이 없습니다.

결혼하지 않는 사람들도 해마다 늘어나고 있습니다. 일본의 〈2015년 국가 실태 조사〉에 따르면 30대 초반 남성 미혼율은 47.1퍼센트로, 35세 이전 남성의 절반가량이 결혼을 하지 않는 것으로 나타났습니다. 생애 미혼율도 해를 거듭하며 상승하고 있습니다. 50세까지 결혼 경험이 없는 사람의 비율을 보면 남성은 23.4퍼센트, 여성은 14.1퍼센트입니다.

섹스하는 남녀와 결혼하는 사람이 갈수록 줄어드는 데는 다양한 요인이 영향을 미칩니다. 가장 큰 요인은 경제적 부담입니다. 젊은 세대의 저임금화가 사회 문제로 떠오른 지금, 젊은 남녀들은 앞날에 대한 걱정으로 돈을 쓰고 싶어도 쓰지 못합니다.

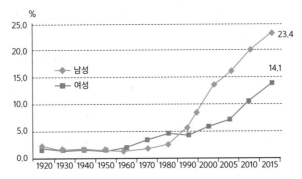

결혼 경험이 없는 50세 남녀 비율

* 국립사회보장·인구문제연구소 〈인구통계자료집(2017년 개정판)〉을 바탕으로 저자가 작성함.

경제력과 섹스·결혼의 관계

이런 상황에서 '남성이 데이트 비용을 지불하는 것은 당연하다'는 정서가 지배적이면 어떻게 될까요? 경제력이 부족한 남성은 여성에게 데이트를 신청할 수 없고, 섹스를 제안할 수 없고, 결혼해도 먹여 살릴 수 없다는 통념이 자리 잡아도 이상할 것이 없습니다. 실제로 일본 대학생의 3분의 2 가까이가 남성이 여성을 리드해야 한다고 응답했습니다.

여성의 사회 활동을 당연시하는 요즘 시대에도 경제력은 여

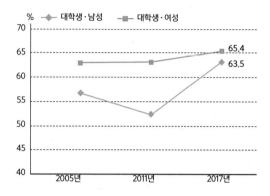

남성은 여성을 리드해야 한다 (그래야 한다·그런 것 같다)

% ◆ 대학생·남성 ■ 대학생·여성

65.4
63.5

2005년　2011년　2017년

* 일본 성교육협회 〈청소년 성 행동 전국 조사〉(제6회~제8회)를 바탕으로 저자가 작성함.

성이 연인과 배우자를 고를 때 중요시하는 조건입니다. 일본
국립사회보장·인구문제연구소의 2015년 〈출생 동향 기본 조
사〉를 보면 '중요하게 꼽는 배우자 조건'에서 1997년과 비교
해 '경제력' 항목의 순위가 올라간 것을 확인할 수 있습니다.

　이것을 두고 여성들을 싸잡아 '자기 생각만 한다'고 몰아붙
일 수 없습니다. 여성이 일하기 좋은 사회가 되었다고는 하나
여전히 남녀 간 임금 격차가 존재하고, 출산 후에 경력이 단절

되는 상황도 비일비재합니다. 이렇다 보니 상대에게 경제력을 기대하는 경향이 짙을 수밖에 없습니다. 달걀이 먼저냐, 닭이 먼저냐를 따지기 어렵듯 남녀 한쪽의 문제로 떠넘길 수 없는 것만은 분명합니다. **여성이 살기 어려운 사회에서는 남성도 살기 어렵습니다.**

이처럼 섹스에 들어가는 비용이 상승하는 한편 스스로 성적 욕구를 해결할 수 있는 도구와 공간은 늘어났습니다. AV 업계에서도 꾸준히 신작을 선보입니다. 2차원 세계에서는 문제를 일으킬 소지가 없으니 AV로 자위하면 깔끔하다는 남성들도 늘어나는 추세입니다. 성욕을 간편하게 처리하는 시대로 접어들고 있습니다. 설상가상으로 VR까지 등장했습니다. 자신이 선호하는 외모의 여자와 가상 섹스를 할 수 있는 날이 그리 멀지 않았다는 겁니다. 아닌 게 아니라 현재 VR 콘텐츠 중에서 AV의 인기가 오름세를 타고 있습니다. 취향에 따라 선택할 수 있고 감수해야 할 위험도 없고 더없이 사실적이기까지 한 VR 섹스를 당연하게 받아들이는 때가 온다면 굳이 비용을 치러가면서 섹스를 하려고 할까요? 저도 이 질문에 관해서는 아직까지도 명쾌한 해답을 내리지 못하고 있습니다.

그래도 섹스를 포기하지 마

섹스 비용은 상승하는데 AV와 VR의 품질은 날로 향상하고 있습니다. 이런 시대에 스무 살 때의 나를 만난다면 뭐라고 충고하고 싶을지 생각해보았습니다. 한참을 고민했지만 '그래도 섹스를 포기하지 말라'고 말해주고 싶습니다. 말치레 같지만 살아 숨 쉬는 육체와 육체가 만나 교감하는 소통은 특별하다고 생각합니다. 지금의 나도, 젊은 날의 나도 자포자기하는 건원치 않습니다.

자위와 섹스는 분명 다르다

예전에 자위만으로 성적 욕구를 채우면 행복해질 수 있는지

혼자 실험한 적이 있습니다. 때마침 전속 계약이 끝나 잠시 휴식기를 가지려던 차였죠. 이제껏 촬영 현장과 사적인 잠자리에서 자유로이 분출하던 성욕은 다른 방향으로 돌리면 그만이라고 생각하고 금욕 생활에 들어갔습니다. 섹스를 향한 꿈틀대는 에너지를 마라톤에 쏟기로 마음먹고 마라톤 대회에 나가기도 했습니다. 그러나 결국 실패로 돌아갔습니다. 섹스를 중단하고 자위만으로 해결한 지 서너 달이 지나자 우울감이 찾아왔습니다. 의욕도 사라지고 외출도 귀찮아지고 날마다 침대에 드러누운 채 영화를 보다가 졸리면 잠드는 권태로운 생활에 젖어들었습니다. 그때 자위와 섹스가 완전히 다르다는 것을 실감했습니다. 상대 여성에게 마음을 기울이면서 서로 접촉을 주고받는 행위가 대단히 중요하다는 사실을 새삼 깨달은 것이죠.

자위와 달리 숨 쉬는 육체를 가진 여성과 섹스를 할 때는 동의를 구해야 합니다. 가장 좋은 방법은 그저 솔직하게 '난 너와 하고 싶다'고 말하는 겁니다. 만약 상대가 거절하면 사과하고 깨끗이 물러섭니다. 그렇게 한다면 여성이 위협을 느낄 일은 없으리라고 생각합니다. 밀당이나 조련 따위의 꼼수는 필요하지 않습니다. 술을 먹이고 호시탐탐 기회를 엿보는 노림수도 절대 금물입니다. 자기 마음을 진솔하게 전달하는 정면 승부를 택하는 겁니다.

남성이 대시하지 않아 서운했다는 여성들도 있습니다. 막차가 끊긴 통에 내심 바라고 있었는데 남성 쪽에서 적극적으로 나서지 않더라는 겁니다. 여성은 여성대로 높아진 섹스 장벽을 실감하고 있습니다. 이제는 남성이 리드하고 여성은 따라야 한다는 고정관념을 허물어야 한다고 생각합니다. 마음에든다면, 섹스하고 싶다면 남자든 여자든 상대에게 의사를 물어보는 겁니다. '남자니까 리드하고 구애에 나서야 한다'는 부담을 갖지 않도록 말입니다. '남자니까 혹은 여자니까'라는 선입견을 깨는 것 못지않게 자신의 의사를 솔직히 전달하는 것 또한 중요합니다. 이 부분은 마지막 장에서 사쿠라 마나 씨와 함께 이야기를 나누도록 하겠습니다.

TIP
▸ **섹스를 포기하지 말고 자신의 의사를 솔직히 전달한다.**
▸ **성 고정관념에서 벗어나자.**

증가하는 섹스리스

미혼 남녀에 대한 이야기는 이쯤에서 접어 두고 기혼 남녀를 살펴보겠습니다. 2015년 일본 가족계획협회에서 발표한 자료에 의하면 기혼자의 44.6퍼센트가 한 달간 성관계를 갖지 않은 것으로 나타났습니다. 무려 절반에 가까운 수치입니다. 부부간 섹스리스에도 여러 가지 원인이 있습니다. 첫째, 미디어가 섹스리스를 조장하기도 합니다. 둘째, 맞벌이 가정이 늘면서 바쁜 일상에 치이는 부부들이 많아졌습니다. 셋째, 앞서 이야기한 것처럼 AV를 비롯한 영상물과 성인 잡지를 손쉽게 구해 성욕을 간편하게 해결할 수 있게 되었습니다.

예전의 가정은 남성들에게 관대한 편이었습니다. 생계 활동

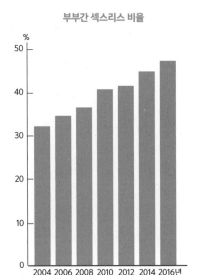

부부간 섹스리스 비율

* 일본 가족계획협회 〈남녀 생활과 의식에 관한 조사〉(제2회~제8회)를 바탕으로 저자가 작성함.

을 남성의 몫으로 여기던 과거에는 아내들이 남편의 옷 주머니에서 유흥주점 쿠폰을 발견해도 웬만하면 참고 넘어갔습니다. 보고도 못 본 척 내색하지 않는 일이 다반사였죠. 그러나 여성이 경제력을 갖추고 대등한 위치에 올라서면서 이런 사정을 두고 볼 이유가 없어졌습니다. 이런 흐름 속에서 파트너와 합의하에 섹스리스를 자발적으로 택하는 경우도 생기고 있습니다. 여성이 남성과 대등한 관계에서 섹스와 섹스리스를 선택할 수 있는 시대로 접어든 겁니다.

남녀가 이른바 '밤일'에 대한 의무에서 해방되고 섹스를 상요거나 강요당하지 않는 사회로 바뀌어 가고 있으니 나름대로 바람직한 변화입니다. '가족으로 지내고 싶지만 섹스는 하고 싶지 않다'고 생각한다면 자신의 의사를 상대에게 전달하고 관계를 새로이 구축하는 방법도 고려해봄직합니다. 섹스 말고도 애정을 확인할 방법이 있다면 문제될 것 없죠. 세상에 다양한 부부가 존재하듯 애정 표현 방식에도 다양한 형태가 존재할 테니까요.

TIP

▸ **섹스와 섹스리스를 선택할 수 있는 시대가 되었다.**

섹스리스 해결법

섹스리스에서 벗어나려면 일단 파트너와 마주해야 합니다. 예전에 지인 부부가 자신들의 부부싸움 일화를 들려준 적이 있습니다. 크게 다투고 나서 남편이 화를 가라앉히고 돌이켜보니 이혼이 답은 아니라는 생각이 들었답니다. 관계를 회복할 방법을 궁리하던 차에 연애 시절을 회상했다는군요. 결혼과 출산 후에 무엇이 바뀌었나 더듬어보니 줄어든 섹스 횟수가 마음에 짚였고, 남편이 먼저 아내에게 섹스를 제안했다고 합니다. 냉전 중이니 제안할 당시에 분위기는 험악했겠죠. 그런데 섹스를 다시 시작하니 틀어졌던 부부 사이가 단번에 좋아지더라는 겁니다. 그 이야기를 듣고 '머리로 생각할 때와 마음과 몸으로 부대낄 때가 다르다'는 것을 느꼈습니다. 성난 상태에서도 웃다 보면 점차 기분이 풀리듯 섹스가 윤활유가 되어 서먹한 부부 사이를 풀어준 것이죠.

섹스하는 날 정하기

그 이야기에서 흥미로웠던 대목이 있습니다. 남편이 '이날은 섹스하는 날로 정하자'고 제안했다는 것입니다. 처음에는 아내가 '분위기도 없고 낭만도 없잖아'라고 말했답니다. 하지만 막상 날을 잡아 시도해보니 상황이 일사천리로 흘러갔다고 하더군요. 사실 저도 섹스리스를 겪었을 때 같은 방법을 썼습니다. 그래서 남편의 이야기에 더욱 크게 공감했었죠.

또 이튿날 일찍 출근해야 한다든지 피곤해서 힘들다든지 하는 이유로 섹스를 거절하게 되면 거절한 쪽이 다음번에 섹스를 먼저 제안하는 규칙도 정해두었습니다. 남편이나 아내나 섹스를 내리 거절당하면 위축되기 쉽죠. 하지만 거절한 쪽이 다음번을 제안한다는 규칙을 정해두면 심적 부담을 덜 수 있습니다. 저도 상대방에게 처음 이야기를 꺼낼 때는 큰 용기가 필요했습니다. 하지만 지금은 그때 제 마음을 전할 수 있어서 다행이라는 생각이 듭니다.

자녀가 태어나고 서로가 눈코 뜰 새 없이 바쁠 때 섹스에 대해 이야기하는 것이 골치 아프고 꺼려지리라 생각합니다. 분위기 따위는 안중에도 없이 섹스를 입에 올리는 것이 채신없게 보이지는 않을까 걱정도 되고요. 남사스럽고 민망하더라도 부부가 섹스에 대해 허심탄회하게 이야기하는 것은 중요합니다. 섹스에 적극적으로 나서지 않는 남성을 보며 '내가 여자로 느껴지지 않나' 하고 속앓이하는 여성들의 고민도 자주 듣습니다. 그러니 섹스에 관해서는 진지하면서도 과감하게 이야기하는 편이 낫습니다.

그리고 하나 더, **섹스리스를 해소하려면 섹스에 대한 심리 장벽을 낮추는 것이 중요합니다.** 남성은 무조건 '섹스=사정'이라고 생각합니다. 그런데 본인과 파트너의 몸 상태나 그때그때 상황에 따라 사정을 못 할 수도 있습니다. 그럴 때는 '1분간 껴안기'처럼 섹스를 다르게 정의해보세요. 서로를 아끼고 마음을 공유하는 것이 섹스라고 생각합니다. 마음을 터놓고 소통하는 방법을 함께 의논해 나가기를 바랍니다. 부부가 섹스를 다시 시작할 때 AV를 활용한다고도 합니다. 남성향 AV든 여성향 AV든 판타지를 담고 있습니다. 어느 쪽이든 부부의 원만한 성생활에 도움이 되었으면 하는 바람입니다.

TIP

▶ 섹스에 대해 허심탄회하게 이야기를 나눈다.
▶ '섹스=사정'이라는 생각을 버리고 섹스에 대한 심리 장벽을 낮춘다.

샤쿠나 마나 X 잇테츠

'남자다움' '여자다움'에서 벗어나 섹스에 즐거움을 더하자

정리 다케시타 류이치로 | 허프포스트재팬 편집장

'남자다움' '여자다움'에서 벗어나
섹스에 즐거움을 더하자

(정리 다케시타 류이치로 · 허프포스트재팬 편집장)

사쿠라 마나

1993년 일본 치바 현에서 태어났다. 2012년 공업고등전문학교 재학 중에 일본의 유명 AV 기획사인 SOD 크리에이트에 들어가 전속배우로 데뷔했다. 2013년 스카 이퍼펙트 어덜트 방송대상에서 신인여우상을 수상하고, 2015년에는 사상 최초로 삼관왕을 차지했다. 소설《최저》《요철》과 에세이《일하는 가슴》등을 출간하며 작가로도 활발히 활동하고 있다.

오늘 AV 업계 일선에서 남배우와 여배우로 맹활약 중인 두 사람이 한자리에 모였습니다. 현장에서 활동하는 두 사람의 시각을 빌려 상대를 존중하는 섹스가 무엇인지 고민해보고 이를

위해 남녀가 어떤 노력을 하면 좋을지 이야기 나눠보도록 하겠습니다.

현재 AV 업계에서 일하면서 체감하는 흐름이나 과제들에는 어떤 것들이 있나요?

남성향 AV와 여성향 AV, 저마다의 환상

사쿠나 마나(이하 사쿠라)

AV 작품도 시대에 따라 유행을 타요. 그런데 최근 1, 2년 사이에 AV 소재로서 금기시됐던 치한이나 불륜 및 유사 강간 따위의 이른바 강제물 작품들이 불티나게 나가고 있어요. 작년만 해도 그런 작품들이 한꺼번에 밀려드는 바람에 정말 힘들었어요.

잇테츠

안타깝게도 그런 작품들이 상위 랭킹에 올라와서 인기를 모으고 있는 게 현실입니다.

사쿠라

최근 들어 성 담론을 억압하는 분위기가 두드러지고 있잖아요. 그런 경향에 대한 반동이랄까요, 억압당한 욕구가 되레 더 강렬한 방식으로 분출하는 걸지도 몰라요. 예쁜 여배우를 강제로라도 소유하고 싶은 남성의 잠재적 갈망도 깔려 있을 거고요. 그런데 이런 작품들의 팔림새가 좋은 걸 보면 마음 한켠이 서늘해져요. 여성이 명확하게 '싫다'는 의사를 밝히며 거부하는데, 그 태도가 좋으면서 튕기는 내숭 같은 거라고 남성들이 오해할까 봐 걱정되거든요. 수요가 있으니 생산이 이뤄지겠죠. 하지만 그런 작품들이 늘어날수록 섹스에 대한 인식과 개념들이 왜곡될 것 같아서 한 사람의 여성으로 고민이 되네요. 잇테츠 씨가 출연하는 AV는 대체로 과격하지 않은 작품이죠?

잇테츠

그렇죠. 제가 출연하는 작품들은 여성 시청자를 대상으로 하는 만큼 일반적인 남성향 AV에 비해 훨씬 소프트한 편이에요. 남녀 커플이 일상을 함께하면서 다정하게 섹스를 나누는 형태가 많거든요. 하지만 방금 사쿠라 씨가 말했듯이 남성향 AV뿐만 아니라 여성향 AV 안에서도 패륜적 요소에 기반한 작품들이 점차 늘어나고 있어요. 제가 전속 배우로 일했던 '실크 라보'에서는 한 단계 윗급에 해당하는 안드레스 등급이 새로 생겼는데 그 안에는 질투나 불륜을 소재로 한 작품들이 포함되어 있죠. 남성향 AV에서 흔히 다루던 패륜적 소재를 여성향 AV에도 접목하기 시작한 거죠.

사쿠라

AV라는 울타리 안에서 서로 영향을 주고받는 지점이 있을지도 모르겠어요. 저 역시 잇테츠 씨와 같은 업계에 몸담고 있지만, 남성향 AV와 여성향 AV는 섹스에 대한 인식이 사뭇 다른 듯해요. 남성향 AV는 설정은 물론 다뤄지는 행위 자체도 과격한 데다 여성이 눈살을 찌푸릴 만한 장면이 서슴없이 나오죠. 그렇다 보니 남성향 AV가 끼치는 악영향이 더 클 수밖에 없을 것 같아요. 실제로 여성향 AV에 출연하는 입장에서 보면 어떤가요? 여성향 AV로 인한 별다른 폐해가 없다는 인상이 강한데요.

잇테츠

꼭 그렇지만도 않아요. 여성향 AV는 현실과 동떨어진 환상을 보다 근사하고 멋들어지게 그려내야만 여성들의 환호를 받죠. 실제로는 존재하기 어려운 캐릭터와 상황을 낭만적으로 과대 포장하는 측면은 돌이켜봐야 한다고 생각해요.

사쿠라

잇테츠 씨가 자주 맡는 왕자님 캐릭터 같은?

잇테츠

이거 참 죄송해서 어쩌죠. 사실 아침에 일어나면 베개에서 퀴

퀴한 냄새가 진동하는데(웃음). 전 결혼도 했고 아이도 있어요. 이상하게 그런 정보는 잘 알려지지 않고 AV 속의 이미지로만 각인되더라고요. 그동안 환상을 부풀려온 게 아닌가 하는 생각이 들더군요. 그러면서 저의 이미지와 여성향 AV가 왜곡시킬 수 있는 판타지에 대해 한 번 더 생각해보게 됐죠.

사쿠라

정말 그래요. 연기하는 배우들에게 환상을 품기도 해요. 연출일 뿐인데 실제 취향일 거라고 오해하고요.

AV의 환상과 현실의 경계

사쿠라

얼마 전 텔레비전 방송 녹화를 하다가 여성향 AV 이야기가 나왔어요. 남배우가 삽입하기 전에 여배우에게 "나만 믿어"라고 말하는 장면이 있었나 봐요. 그걸 본 코미디언 겐도 고바야시 씨가 "난 낯간지러워서 그런 말 못 해"라고 하더군요(웃음).

잇테츠

나만 믿으라니, 저도 잠자리에서 그런 말은 못 꺼내요(웃음).

사쿠라

잇테츠 씨라면 혹시나 싶었는데(웃음). 터프한 남성들은 어려울지 몰라도 훈훈한 외모를 자랑하는 여성향 AV 남배우들은 대수롭지 않게 척척 말할 줄 알았어요.

잇테츠

아무래도 그런 이미지가 있죠. 구릿빛 피부의 상남자형은 여성향 AV에서는 찾아보기 힘드니까요. 하지만 여성향 AV에도 나름 거친 판타지가 등장해요. 여성을 벽에 탁 밀어붙이고는 "널 내 걸로 만들겠어"라는 대사를 날리기도 하죠. 실제로 그런 상황에 닥치면 정말 무섭겠지만요.

사쿠라

당연히 그렇죠.

잇테츠

영상을 보고 자기 욕구를 해소하는 행위가 타인을 해치는 일은 아니니까 문제될 건 없다고 생각해요. 상대의 동의 없이 섹스를 밀어붙일 때 사달이 나는 거죠. AV가 판타지라는 사실을 인식한 상태에서 함께 즐길 줄 알아야 하는데 말이에요. 현실과 판타지를 구분하는 게 생각보다 참 어려운 것 같아요. 'AV는 판타지'라는 걸 전제에 두고 '이런 특이한 아이템도 있다더라' 하며 같이 즐기면 좋을 텐데요.

사쿠라

판타지의 영역 안에서는 어떤 것이든 허용될 수 있겠지만, 그 판타지와 현실을 구분하는 게 정말 어려운 것 같아요.

잇테츠

최근 들어 AV 내용이 부쩍 하드해진 것 같지 않아요? 데뷔작인데 대뜸 바이브레이터가 등장하지를 않나, 스리섬물을 찍고 시오후키를 하지 않나. 사쿠라 씨는 어땠어요?

사쿠라

제가 데뷔할 때만 해도 신인이 출연하는 작품의 연출이 지금처럼 과격하지 않았어요. 저만 해도 데뷔작을 찍고 난 다음에는 남배우랑 일대일 셀카 형식으로 찍는 작품을 찍었고요. 갓데뷔한 신인에게 무리하게 요구하지 않았어요. 요즘과 비교하면 엄청 소프트했죠.

잇테츠

맞아요. 과거에는 확실히 소프트했어요. 비디오 시절에는 작품 한 편을 가지고 이틀 동안 섹스 신 두 개를 찍었는데, 요즘은 하루에 몰아서 촬영을 끝내는데도 섹스 토이며 펠라티오며 자위며 스리섬 신까지 넣죠. 이 모든 게 데뷔작 하나에 패키지로 담겨 나오는 현실이에요.

사쿠라

제작 시간은 언제나 빠듯한데 작품 한 편에 다양한 내용을 욱여넣어야 하니 배우들, 특히 여배우의 부담은 날로 커지고 있어요.

잇테츠

그게 평균으로 자리 잡았다는 게 참 안타깝습니다. 시청자들도 데뷔작에서부터 바이브레이터로 자위하는 신이 나오는 걸 아무렇지 않게 받아들여요. 물론 시청자로서는 곧바로 볼거리를 제공하니까 만족도가 높을지 모르겠지만, 그러면서 이미 올라가버린 수위를 다시 낮추기는 어렵게 됐어요.

사쿠라

심지어 '처녀'라는 타이틀까지 달고 나오는 경우도 있잖아요. 그런 작품을 접하면서 첫 경험부터 온갖 것이 가능하다는 식으로 받아들이고 어지간한 행위들도 별 무리 없을 거라고 생각하는 남성들이 많아지는 건 아닐지 걱정돼요.

잇테츠

사쿠라 씨가 예전에 시오후키에 대한 부담감을 토로하지 않았었나요? 요즘은 어때요?

사쿠라

예전엔 대본에 시오후키 신이 있으면 그 진날부터 정말 부담스러웠죠. 나름 애써보는데도 기대에 못 미치니까 소질이 없구나 싶었어요. 명색이 AV 여배우인데 시오후키가 안 되면 배우로서 자격 미달이라는 생각까지 했어요. 하지만 시오후키라는 게 결코 일반적인 반응이 아니거든요. 그런데도 여성이 흥분하면 자연스럽게 나타나는 반응이라고 착각하고 밀어붙이면 여성 입장에서는 몸도 마음도 무리가 따를 수밖에 없어요.

잇테츠

여배우라면 어떤 상황에서든 당연히 시오후키를 해야 한다는 부담감에 시달릴 것 같네요.

사쿠라

가끔가다 후배들이 "시오후키가 버겁다"며 고민을 털어놓는데, 그럴 때마다 AV에 출연하는 한 사람의 여배우로서 타성에 빠져 있었다는 걸 새삼 느껴요. 그러면서 이 업계의 현실이라든가, 여배우로서의 저 자신을 되돌아보는 계기로 삼곤 해요.

잇테츠

섹스에 교과서 같은 게 있을 수는 없겠지만, 지금의 AV 현장에서 시오후키를 드러내는 방식은 너무 지나치다는 생각이 들어요.

사쿠라

그렇죠. 저도 AV 업계에 들어오지 않았다면 절대 경험하지 못했을 거예요.

잇테츠

시오후키뿐만 아니라 격렬한 핑거링도 일반 대중에게 널리 퍼지고 있어요. 격렬하지 않으면 여성이 만족하지 않을 거라는 오해도 함께 말이죠.

사쿠라

맞아요. 하염없는 핑거링으로 오르가슴에 집착하는 남성들이 있어요. 시오후키가 성공할 때까지 멈추지 않겠다는 의지로도 보이고요.

잇테츠

역시 AV의 영향이죠. 현란한 볼거리를 추구하잖아요.

사쿠라

그러면서 정작 중요한 부분은 생략해요. 남성향 AV의 경우, 현장에서 콘돔 사용은 의무화되어 있지만 실제로 착용하는 장면은 편집되기 일쑤예요. 그러면서 시청자들이 콘돔을 끼지 않아도 문제가 없다는 잘못된 인식을 갖게 되는 게 아닐까요. 여성향 AV에는 콘돔 착용 장면을 넣는다고 했죠?

잇테츠

일부러라도 콘돔 착용 장면을 넣고 있죠. 어떤 시청자들은 여성향 AV를 보고 나서 AV에서도 콘돔을 낀다는 사실을 처음 알았다고 하더군요.

사쿠라

그런 장면이야말로 교육 차원에서 남성향 AV에 꼭 필요한 것 같아요. 폭력성을 강조하거나 섹스를 강요하는 내용의 작품에서 느닷없이 콘돔을 착용하는 장면을 넣기는 맥락상 어렵겠지만요. 이제는 AV가 판타지의 일종이라고 인식하는 사람들도 많아지고 있으니까요. 이 업계에서 일하면서 늘 안타까운 부분이었어요. 부디 바뀌었으면 좋겠어요. 옛날에는 만 18세가 되면 분별력 있는 어른으로 봤잖아요. 허구와 사실을 가릴 수 있는 나이라는 전제하에 시청할 수 있었던 거죠. 그런데 지금은 불법 다운로드가 판치고 있잖아요. 시청자 연령대를 18세 이상으로만 볼 수 없는 게 현실이에요. 아직 미성숙한 시청자들이 영상에 나오는 내용을 곧이곧대로 받아들이면 피해를 호소하는 여성이 늘어날 거예요. 저도 죄책감이 들어서 마음이 편치 않을 때가 있어요.

잇테츠

저도 이 업계에 몸담고 있는 한 사람으로서 책임감을 느껴요.

사쿠라

이를테면 텔레비전 방송이나 영화, 하물며 CF에서도 '※이것은 가상입니다'라든가 '※폭력적인 내용이 포함되어 있습니다'라는 문구로 주의를 환기시키잖아요. AV에도 그런 장치가 필요하지 않을까 싶어요.

잇테츠

동감입니다.

사쿠라

그런 경고 문구가 AV 시청에는 다소 방해가 될지 모르겠지만, 그럼에도 변화가 생기기를 바라는 게 솔직한 심정이에요.

섹스 소감 공유하기

잇테츠

남성이든 여성이든 섹스에 대해 좀 더 솔직하게 서로 이야기하면 좋겠어요. 관계할 때나, 그리고 관계 후에도 여성이 만족했는지 어땠는지 남성은 긴가민가하거든요.

사쿠라

저는 웬만하면 섹스 소감을 공유하자는 쪽이에요. 그런데 솔
직하게 이야기했다가 본의 아니게 상대한테 상처를 줄까 봐

말을 꺼내기가 생각만큼 쉽지 않더라고요. 잇테츠 씨는 잠자리에서 어땠냐고 상대에게 물어보나요?

잇테츠

저는 "나만 좋았나 싶어 미안하네"라는 식으로 말을 꺼내죠. 이렇게 먼저 물꼬를 트고 상대의 반응을 기다리는 거죠.

사쿠라

역시 잇테츠 씨다워요. 사실 저도 물어봐줬으면 좋겠거든요.

잇테츠

그냥 "좋았어?"라고 물으면 상대가 "별로였어"라고 말하기가 쉽지 않죠. 같은 질문도 다르게 물어보는 요령이 필요하지 않을까요. 이따금 상대가 무척이나 의식하고 있다는 게 고스란히 느껴질 때가 있어요. 그러면 '아, 이거 빨리 끝장을 봐달라는 거구나' 하고 느낌이 오죠.

사쿠라

그야말로 현실적이네요(웃음). 오르가슴에 오르려고 무던히 애쓰는 게 남성한테 훤히 읽히나 봐요.

잇테츠

이건 현장에서 겪은 일인데, 제가 사정을 못 하고 버벅거리면 상대 여배우가 바나나를 뚝 부러뜨릴 듯한 기세로 제 물건에 무시무시한 압박을 가할 때가 있어요…….

사쿠라

네?!

잇테츠

어, 엇 하면서 소리를 내도 멈추기는커녕 아직 부족한가 싶어 더욱 조여오는 거예요. 얼굴은 불타오르는데 차마 말은 할 수 없는 상황이죠. 그래서 저는 삽입 상태에서 흔들어 사정하는 기술을 연마할 수밖에 없었죠(웃음). 피스톤 운동으로 마찰했다간 살아남지 못할 거예요…….

사쿠라

웬만한 솜씨 없으면 그렇게 못 해요(웃음). 잇테츠 씨니까 그렇게라도 가능한 거죠.

잇테츠

저 좋으라고 열심히 해주시는 거니까 그러지 말라고 할 수도
없더라고요.

사쿠라

이해해요. 저도 SOS를 칠 때는 몸을 이리저리 마구 움직이거
나 말없이 손을 잡아끌거든요. AV 여배우인 저도 말하기 어려
운데 보통 사람들은 내색하기 더 힘들 것 같아요. 싫은 건 싫
다, 하고 꺼내 보일 수 있는 카드 같은 거라도 있었으면 좋겠
어요. 옐로카드나 레드카드처럼요.

잇테츠

AV에서는 '탭'이라고 해서 아프거나 불편할 때 상대의 몸을
톡톡 치잖아요.

사쿠라

맞아요. 그런 신호를 커플끼리 정해두면 좋을 거예요. 저는 섹

스 후에 필로 토크*를 나누며 서로의 느낌이나 기분을 다정하게 이야기하고 싶은데 그것도 어렵긴 마찬가지예요. 남성은 이미 다 쏟아부어 방전된 상태고.

잇테츠

예를 들면 어떤 이야기를 나누고 싶으신가요?

사쿠라

"저기, 아까 유두 핥을 때 건성건성 하던데 되게 피곤했나 봐?" "이건 별로였어?" 이런 이야기요(웃음). 남성들은 일을 치르고 나서 물어보면 얼굴에 싫은 티를 내더라고요. 관계 후 흥분 상태에서 곧바로 냉정을 찾는 것이 수컷이라는 종족의 생물학적 특성이라고 한다면 어쩔 수 없겠지만 노력할 여지는 있지 않을까요? 만약 쉽지 않다면 평소에 대화할 때 이야기를 꺼내도 괜찮을 것 같아요. 일상에서 자연스럽게 이런 이야기를 나누고 싶어요. 방금처럼 대놓고 밝히기보다 "혹시 그때 피

----

* 필로 토크(pillow talk): 커플이 잠자리에서 정답게 주고받는 이야기. 주로 관계 후에 솔직한 이야기를 터놓는 시간으로 활용하기 좋다.

곤했어?" "밤보다 아침이 좋아?" 이런 식으로 부드럽게 말을 꺼내는 것도 좋겠고요.

잇테츠

우선적으로 남성들의 노력이 중요하겠지만, 그런 대화를 자연스럽게 유도하는 여성들의 스킬이 뒷받침된다면 더 좋겠죠.

사쿠라

사실 생각났을 때 바로 말하는 게 제일 좋아요. 불만이 쌓이고 쌓여 한 번에 폭발하는 게 아니라 식사를 하고 나서 "맛있네" 하는 것처럼 가볍게 이야기할 수 있는 문화가 형성됐으면 좋겠어요. 막상 물어보면 상대가 나와 전혀 다르게 생각할 때도 있더라고요.

잇테츠

실제로 그런 적이 있으셨나요?

사쿠라

상대가 쿤닐링구스를 대충하는 것 같은 느낌이 들어서 "하기

싫었어?"라고 물어봤거든요. 그랬더니 "아니, 싫은 건 전혀 아
냐. 코가 막혀서 컨디션이 안 좋았던 것뿐이야"라고 하더라고
요. '냄새 때문에 그런 건 아니로군, 휴.' 그제야 안심하는 거
죠(웃음). 이렇게 관계 속에서 느끼는 감성이나 기분들을 허심
탄회하게 이야기하면 응어리가 생길 이유가 없잖아요. 그래서
저는 특별히 때를 가려 말할 필요는 없다고 생각해요.

잇테츠

저도 그 의견에 동감해요. 예전에 사귀었던 여성 중에 "안에
넣으면 느낌이 별로야"라고 말해준 사람이 있었어요. 그 당시
저는 AV를 보고 '격하게 삽입해야 여성이 소리를 내면서 흥분
하는구나'라고 믿어왔거든요. 그런데 그 여성의 이야기를 듣
고 나서 전희의 중요성을 알게 됐어요. "핥는 것보다 손으로
쓰다듬거나 귓속말로 예쁘다고 속삭여주는 게 더 흥분된다"
라는 말을 듣고 나서는 그 가르침을 정말 성실하게 실천했죠
(웃음).

사쿠라

서로 터놓을 수 있는 관계가 된다는 건 참 멋진 일이에요. 다

만 사귄 지 얼마 안 된 사이인데 모든 걸 다 털어놓으라고 강요하는 분위기로 몰아가는 건 잘못이죠. 만남을 이어나가면서 이 사람과 관계를 더 깊이 쌓아갈 수 있겠다는 확신이 들 때 말하면 좋을 것 같아요. 첫 번째, 두 번째를 거치면서 '혹시?' 하고 물음표를 안고 있다가, 대여섯 번을 넘기면서 '아, 이 사람은 이런 섹스를 하는구나. 이건 말하자!' 하는 생각이 들 때 이야기를 꺼내는 거죠. 그리고 타이밍도 타이밍이지만 표현 방식도 중요해요. 예전 연인과 비교한다든가, 상대의 인격을 무시한다든가, 콤플렉스를 자극하는 이야기는 하지 않도록 조심해야죠.

남자가 리드해야 한다는 믿음

사쿠라

예전에 한 번 동성과 플레이하는 AV를 찍으면서 부착식 딜도를 착용하고 피스톤 운동을 모사한 적이 있어요. 그때 남성들도 참 힘들겠다는 생각이 절로 들더라고요. 다리가 자유롭지 않은 상황에서 몸을 움직여야 하는데 체력이 이만저만 드는 게 아니더라고요. 그렇게 뜻밖의 고단한 모의 체험을 치르고 나서 남성을 다시 바라보게 됐어요. 섹스는 남성이 리드하는 거라고 생각해왔는데, 그 뒤로는 남성한테 일방적으로 리드하라고 요구하는 건 못할 짓이구나 싶었어요.

잇테츠

섹스는 남자가 리드해야 한다는 인식이 강하죠. 여성향 AV에서도 대부분 남성이 리드하는 흐름으로 내용이 구성될 만큼요.

사쿠라

여성도 잠재적으로 남성의 리드를 바라는 건 아닐까요? 그런 면에서 남성들이 느끼는 압박감이 보통이 아닐 것 같아요. 자동차 운전은 면허를 딸 때까지 몇 번이고 연습할 수 있다지만 섹스는 곧바로 실전에 돌입해서 일대일로 테스트를 받아야 하니까요.

잇테츠

'남자가 능숙하게 리드해야 한다는 믿음'에 압박감을 느끼는 남성들이 의외로 많을지도 몰라요. 남성한테 섹스와 인격은

아무래도 떼놓기 어려운 문제겠죠. 섹스로 상대를 만족시키지 못했을 때 남성은 자신의 존재 의의까지 흔들린다는 생각을 갖곤 하니까요.

사쿠라

여성이 그런 남성의 마음을 헤아려준다면 참 좋을 텐데요. 하지만 대부분의 섹스에서 남성이 리드하는 상황은 결국 남성이 원하는 대로 플레이하기 쉽다는 이점으로도 작용하죠.

잇테츠

그런 면도 있죠. 사정도 남성 페이스에 맞춰지듯이요. 섹스 횟
수라는 것도 결국 남성의 사정 횟수에 맞춰 1회, 2회로 계산되
니까요.

사쿠라

여성이 섹스에 소극적으로 임하면 관계 시의 통증이나 다른
고민거리가 있어도 선뜻 말하기 어려운 구도로 흐르게 돼요.

잇테츠

지금보다 주체적으로 성을 즐기려면 여성도 섹스를 컨트롤하
고 리드할 수 있어야 합니다.

사쿠라

상대 남성에게 노력을 요구하고 남성이 노력하는 만큼 여성도
노력하겠다는 자세를 가져야겠죠. 남성향 AV와 여성향 AV를
함께 보면서 둘 사이에 사고의 거리를 좁히고 공유거리를 만
들어도 좋을 것 같아요. 상대가 품고 있는 로망이나 섹스관을
파악할 수 있는 좋은 계기가 될 테니까요.

성적 동의 문제

잇테츠

상대에게 상처 주지 않고 서로 존중하는 것이 기본 전제이긴 하지만, 최근에는 그 배려가 지나쳐서 '상처를 줄 바에야 관계를 맺지 않겠다'고 생각하는 사람도 늘어나는 분위기 같더군요.

사쿠라

배려라고는 하지만 결과적으로 뭔가 씁쓸하네요.

잇테츠

얼마 전 트위터에 이런 내용의 게시물이 올라온 걸 봤어요. '남친이랑 데이트하다가 막차를 놓쳤다. 솔직한 마음으론 같이 호텔에 가고 싶었는데. 내가 가만있으니까 남친이 택시비를 챙겨주면서 자기는 만화방에서 묵겠다고 했다. 우린 그 자리에서 헤어졌다. 씁쓸했다.'

사쿠라

서글픈 사연이네요…….

잇테츠

이렇게 여성이 남성에게 명확한 OK 사인을 주지 않으면 애초에 섹스로 발전하기 어려운 사태가 점점 늘어나는 것이 현실입니다. 이런 상황이 점점 확산되면 현실 속 연애에 관심을 두는 게 아니라 사쿠라 씨처럼 어떤 판타지든 이루어주는 2차원 영상에 만족하는 데 그칠 거예요.

사쿠라

사람들과 부대끼면서 관계를 맺는 적극적인 노력을 회피하는 대신 언제나 내 편이 되어주는 화면 속 여성으로도 충분하다고 하면 비난부터 하기 쉽잖아요. 그런데 잇테츠 씨의 말을 듣고 보니 그럴 만한 사정이 있는 것 같기도 해요. 요즘 성적 동의 문제가 대두되고 있고, 그에 대해 눈치를 보다 보니 점점 더 겁을 먹는 남성들이 늘고 있는 거군요.

잇테츠

남성들이 점점 소극적으로 변하고 있어요. 그래서 아까처럼 막차를 놓쳐도 대시를 못 받는 슬픈 상황도 생기고요.

사쿠라

남녀 모두 진지하게 고민해봐야 할 문제네요. 물리적인 힘만 따지면 남성이 절대적인 우위에 있잖아요. 그런 조건에서 최근 여성의 발언권이 강해지는 경향 자체는 환영받아 마땅하죠. 그런 만큼 여성이 자기 의사를 제대로 표현하는 방법도 알아야 한다고 생각해요. 그래야 여성이 자신의 의견을 명확하게 발언하면서 주체적으로 설 수 있을 테고, 여성을 보호하기 위한 관련 법도 마땅히 마련될 테고요.

잇테츠

최근의 경향과 다양한 발언들을 종합해서 생각해보면 과거에 술을 잔뜩 마시고 섹스로 유도했던 방식은 정말 바람직하지 않아요.

사쿠라

'만취 상태에서는 정확한 판단을 내리기 어려운 것으로 본다' 고 하잖아요.

잇테츠

여성을 모셔 가려고 너도나도 근사한 분위기의 세련된 바를 수소문하던 게 엊그제 같은데 말이죠. 멋진 가게에 데려가 대접할 줄 알아야 남자답다는 사고방식이 흔했고요. 여성 입장에서도 술을 곁들이면 좀 더 편안하게 대시에 응할 수 있지 않았나요?

사쿠라

그렇긴 했죠. 사실 저도 주로 술을 핑계 삼아 원나잇까지 가는 편이었거든요(웃음). 그런데 요즘에는 술의 힘을 빌려서 섹스까지 이어진다는 말을 하면 얄팍하고 부끄러운 소리로 취급하는 것도 사실이에요.

잇테츠

술이 관계에 윤활유 역할을 하는 점을 부인할 수 없겠지만, 그래도 술을 먹이고 강제로 밀어붙이는 행동은 절대 해서는 안 됩니다.

VR 시대의 섹스

사쿠라

VR이 점점 유행하면서 섹스 풍속도 바뀌고 있어요. 2.5차원 세계에서는 얼굴도 몸매도 취향대로 선택할 수 있잖아요. 가까운 시일 내에 좋아하는 만화 캐릭터와도 할 수 있을지 모르죠. 예전에는 상상도 할 수 없었던 엄청난 시대가 다가오고 있어요.

잇테츠

우리 밥줄도 끊기겠네요(웃음).

사쿠라

저도 VR 기술이 접목되는 걸 보면서 AV 여배우에 대한 수요가 줄어들 날도 멀지 않았구나 하는 생각이 든 것도 사실이에요. 하지만 아무리 VR과 AV가 접목하고 그 기술이 발전한다고 해도, 여성은 누가 뭐래도 현실에서의 진짜 섹스를 선호하리라는 생각은 지울 수 없어요. 남성은 텐가(TENGA)에서 나온 따뜻한 로션으로 자위를 하면 질 안에 넣은 느낌을 그대로 만끽할 수 있다면서요? 여성의 성기를 본떠 재현한 기구도 엄청난 진화를 거듭하고 있고요. 그런 면에서 어쩌면 남성은 VR로도 충분히 만족할지도 모르겠어요. 하지만 여성을 상대로 실제 페니스의 느낌을 재현하기란 아무리 기술이 발전한다고 해도 쉽지 않을 것 같아요. 딜도 같은 기구가 있지만 대체재라는 느낌이 강하고 생동감이 전혀 달라요.

잇테츠

남성으로서는 알 수 없는 세계네요.

사쿠라

그뿐만이 아니에요. 여성은 남성과 달리 섹스에서 뚜렷한 목표를 정하기가 어려워요. 남성은 사정을 하면 일단락되는데 반해 여성은 쉼표든 마침표든 섹스에 구두점을 찍기가 애매해요. 그렇다 보니 여성은 오르가슴을 느끼는 것 못지않게 섹스에 이르는 과정을 중시하고 누구와 섹스를 하느냐도 중요하게 여기죠.

잇테츠

아무래도 여성은 섹스를 통해 좋아하는 사람과 함께하는 경험을 나누고 싶어 하는 마음이 남성보다 훨씬 큰 것 같아요. 그런 측면에서 여성에게 섹스는 커뮤니케이션인 거죠.

성 고정관념을 깨자

사쿠라

남성이 VR로 성욕을 해결하게 되면 앞으로 여성은 섹스 상대를 찾느라 애를 먹을지도 모르겠어요.

잇테츠

여성을 섹스로 유도하는 데에 몸을 사리는 남성이 늘어나면 여성 입장에서도 곤란하겠네요.

사쿠라

남성이 섹스를 주도하거나 유도해야 한다는 고정관념을 조금씩 바꿔나간다면 남녀 모두에게 좋지 않을까요.

잇테츠

남성도 여성도 적극적으로 임하는 거죠.

사쿠라

'남자다움' '여자다움' 같은 고정관념에서 자유로워졌으면 좋겠어요. 저도 남성이 이끌어주기를 마냥 기다리지 않고 제가 먼저 리드하는 관계를 만들려고 해요. 남성이 남성다움 때문에 고통받듯 여성도 여성다움이라는 굴레에 사로잡혀 있어요. 그 경계선을 뛰어넘는다면 섹스에 즐거움을 더할 수 있지 않을까요.

잇테츠

사쿠라 씨의 말처럼 섹스는 그야말로 상대방과의 소통이네요. '이렇게 해야 한다'고 정해둔 교과서 따위는 존재하지 않으니까요.

사쿠라

혼자만의 쾌락을 좇는다면야 자위로도 문제없죠. 섹스를 하는 이유는 오직 둘 사이에서만 가능한 소통을 하기 위함이죠.

잇테츠

요즘 섹스에 뒤따르는 위험성만 강조되고 있는데, 섹스는 본래 단순한 것이고 좋아하는 사람과 즐거움의 절정을 누릴 수 있는 경험이에요. 그러니 서로의 실수조차 받아들이고 함께 즐길 수 있는 여유를 가졌으면 좋겠습니다.

사쿠라

역할에 얽매이지 말고요.

잇테츠

머리만 싸매지 말고요.

사쿠라

돌다리 두드린답시고 깨부수지 말고요(웃음).

잇테츠

독자분들이 이 책과 저희 두 사람의 대화를 통해 '두 사람이 함께하는 섹스'의 즐거움을 알게 된다면 더할 나위 없는 기쁨이겠습니다.

이제까지 AV 현장의 최전선에서 활동하며 여배우들의 이야기를 가까이에서 들으면서 '진짜 섹스'란 무엇인지 생각해왔습니다. 그 생각의 결과물을 이 책에 담았습니다.

책에서는 남성향 AV를 '판타지'로, 여성향 AV는 '여성의 현실적인 로망'으로 대비하여 소개하고 있습니다. 그러나 여성향 AV도 갈래가 다양한지라 남성향 AV와 다름없는 연출을 넣는 작품들도 많습니다. 무분별하게 여성향 AV를 따라 해서는 안 됩니다.

섹스에 정답은 없습니다. 그렇기에 섹스의 즐거움을 누리려면 서로를 존중하며 진심을 터놓고 대화하는 것이 무엇보다 중요합니다.

마지막으로 대담에 흔쾌히 응해준 사쿠라 마나 씨와 도움을 주신 관계자분들, 그리고 언제나 저를 응원해주시는 팬들과 독자 여러분께 깊이 감사드립니다.

2019년 6월 잇테츠

진짜 섹스 안내서

여자의, 여자에 의한, 여자를 위한 AV 배우가 알려주는 진짜 섹스 이야기

초판 1쇄 인쇄	2020년 3월 12일
초판 1쇄 발행	2020년 3월 23일
지은이	잇테츠
옮긴이	김복희
편집인	이기웅
책임편집	곽세라
편집	한의진
디자인	최윤선, 정효진
마케팅	유인철
제작	제이오
펴낸이	유귀선
펴낸곳	㈜스튜디오오드리
출판등록	제2019-000221호(2019년 7월 18일)
주소	서울시 마포구 와우산로29마길 27 3층
이메일	odr@studioodr.com

ⓒ 잇테츠

ISBN   979-11-968143-6-6 (03330)

이 도서의 국립중앙도서관 출판예정도서목록(CIP)은 서지정보유통지원시스템 홈페이지(http://seoji.nl.go.kr)와 국가자료종합목록 구축시스템(http://kolis-net.nl.go.kr)에서 이용하실 수 있습니다.
(CIP2020006134)